LUDWIG VON MISES

AS SEIS LIÇÕES

SOCIALISMO
CAPITALISMO
INTERVENCIONISMO
INFLAÇÃO
INVESTIMENTO EXTERNO
POLÍTICA E IDEIAS

LUDWIG VON MISES
AS SEIS LIÇÕES

SOCIALISMO
CAPITALISMO
INTERVENCIONISMO
INFLAÇÃO
INVESTIMENTO EXTERNO
POLÍTICA E IDEIAS

TRADUÇÃO
Maria Luiza X. de A. Borges

APRESENTAÇÃO À 9ª EDIÇÃO BRASILEIRA
Helio Beltrão & Alex Catharino

PREFÁCIO À EDIÇÃO NORTE-AMERICANA
Margit von Mises

São Paulo | 2018
9ª Edição

Impresso no Brasil, 2018

Título original: *Economic Policy: Thoughts for Today and Tomorrow*
Copyright © 1979 by Margit von Mises © 2010 by Liberty Fund

Os direitos desta edição pertencem ao
Instituto Ludwig von Mises Brasil
Rua Leopoldo Couto de Magalhães Júnior, 1098, Cj. 46
04.542-001. São Paulo, SP, Brasil
Telefax: 55 (11) 3704-3782
contato@mises.org.br · www.mises.org.br

Editor Responsável | Alex Catharino
Tradução | Maria Luiza X. de A. Borges
Revisão da Tradução | Márcia Xavier de Brito & Helio Beltrão
Revisão ortográfica e gramatical | Carlos Nougué & Márcio Scansani
Revisão técnica | Helio Beltrão & Alex Catharino
Preparação de texto | Alex Catharino & Márcia Xavier de Brito
Revisão final | Márcio Scansani / Armada
Capa | Mariangela Ghizellini
Projeto gráfico | Luiza Aché / BR 75
Diagramação e editoração | Laura Arbex / BR 75
Elaboração de Índice Remissivo e Onomástico | Márcio Scansani / Armada
Produção editorial | Alex Catharino & Silvia Rebello
Pré-impressão e impressão | Edigráfica

M678s
Mises, Ludwig von
As seis lições / Ludwig von Mises; tradução de Maria Luiza
X. de A. Borges – 9ª edição revista. – São Paulo: LVM, 2018.
184 p.

Tradução de: Economic Policy: Thoughts for Today and Tomorrow

ISBN 978-85-9375125-7

1. Ciências Sociais. 2. Política Econômica. 3. Economia de Mercado.
4. Intervenção do Estado. 5. Sistemas Econômicos.
I. Título. II. Borges, Maria Luiza X. de A.

CDD 300

Reservados todos os direitos desta obra.
Proibida toda e qualquer reprodução integral desta edição por qualquer
meio ou forma, seja eletrônica ou mecânica, fotocópia, gravação ou qualquer outro meio de reprodução sem permissão expressa do editor.
A reprodução parcial é permitida, desde que citada a fonte.

*Esta editora empenhou-se em contatar os responsáveis pelos direitos auto-
rais de todas as imagens e de outros materiais utilizados neste livro.*
*Se porventura for constatada a omissão involuntária na identificação de
algum deles, dispomo-nos a efetuar, futuramente, os possíveis acertos.*

Sumário

9 APRESENTAÇÃO À 9ª EDIÇÃO BRASILEIRA |
LUDWIG VON MISES E O PODER DAS IDEIAS
Helio Beltrão & Alex Catharino

29 PREFÁCIO À EDIÇÃO NORTE-AMERICANA
Margit von Mises

35 PRIMEIRA LIÇÃO | O CAPITALISMO
36 1. O início do Capitalismo
38 2. Empresas servem aos clientes
41 3. O Capitalismo eleva os padrões
de vida
47 4. As poupanças dos capitalistas
beneficiam os trabalhadores

55	SEGUNDA LIÇÃO | O SOCIALISMO
56	1. Liberdade na sociedade
59	2. Os consumidores são os patrões
62	3. Sociedade de status
65	4. Mobilidade social
68	5. Planejamento governamental
73	6. Cálculo econômico
76	7. O experimento soviético
81	TERCEIRA LIÇÃO | O INTERVENCIONISMO
82	1. Empresas dirigidas pelo governo
84	2. Que é o intervencionismo?
88	3. Porque os controles de preços falham
93	4. Intervenções no período da guerra
97	5. Controle de aluguéis
99	6. Existe uma terceira via intermediária?
105	QUARTA LIÇÃO | A INFLAÇÃO
106	1. Impressão de papel-moeda
110	2. Aumentos graduais de preços
114	3. Governos não gostam de taxar
115	4. Inflação não pode subsistir
118	5. Padrão-ouro
120	6. Inflação e salários
125	7. Salários e pleno emprego

129	QUINTA LIÇÃO | O INVESTIMENTO ESTRANGEIRO
130	1. Melhores ferramentas para aumentar a produção
133	2. Investimento estrangeiro britânico
137	3. Hostilidade aos investimentos estrangeiros
140	4. Governos dificultam a poupança
143	5. Países em desenvolvimento necessitam de capital
147	6. Migração de capitais aumenta os salários
151	SEXTA LIÇÃO | POLÍTICA E IDEIAS
152	1. Ideias políticas e econômicas
154	2. Política dos grupos de pressão
159	3. Intervencionismo e interesses específicos
162	4. Inflação e intervencionismo destruíram a civilização romana
165	5. Somente as boas ideias podem iluminar a escuridão
169	ÍNDICE REMISSIVO E ONOMÁSTICO

Apresentação à 9ª Edição Brasileira
Ludwig von Mises e O Poder das Ideias

Helio Beltrão & Alex Catharino

O economista austríaco Ludwig von Mises (1881-1973) foi o mais obstinado portador da chama da liberdade no século XX, sendo denominado "o último cavaleiro do liberalismo" por seu principal biógrafo, o professor Jörg Guido Hülsmann. Sua biografia revela uma vida dedicada à luta intransigente em defesa das liberdades individuais e do livre mercado, desafiando tanto as experiências totalitárias do comunismo soviético, do fascismo e do nazismo quanto o crescente intervencionismo dos regimes democráticos.

Ludwig Edler von Mises nasceu em 29 de setembro de 1881, na cidade de Lemberg, atualmente Lviv na Ucrânia, que na época fazia parte da Áustria-Hungria, então a segunda maior entidade política da Europa, menor apenas que a Rússia. Localizada a cerca de 500 quilômetros ao leste de Viena, a cidade de Lemberg fazia parte da Galícia, região habitada majoritariamente por alemães, judeus, poloneses e russos.

Alguns parentes de Ludwig von Mises, pela linhagem paterna e pela materna, foram proeminentes na comunidade judaica austríaca, merecendo destaque o seu bisavô Mayer Rachmiel von Mises (1800-1891), agraciado em maio de 1881 pelo imperador Francisco José I (1830-1916) com o título de nobreza "Edler", acrescentado ao sobrenome da família. O pai, Arthur Edler von Mises (1854-1903), era um engenheiro de construção que trabalhava para a empresa ferroviária. A mãe, Adele von Mises (1858-1937), era uma dona de casa que se esmerou para educar o jovem Ludwig e seus dois irmãos mais novos, Richard von Mises (1883-1953), que se tornaria um grande matemático e físico, chegando a lecionar em Harvard, e Karl von Mises (1887-1899), que faleceu ainda criança, vítima de escarlatina.

Entre 1886 e 1887, quando Ludwig tinha cerca de cinco anos, Arthur e Adele decidiram mudar de Lemberg para Viena, o centro administrativo, cultural, científico e econômico do Império dos Habsburgos, mas que para os padrões europeus do período era uma cidade pequena. Em 1892, com onze anos, Ludwig entrou no *Akademischen Gymnasium*, colégio de elite, famoso por fornecer educação humanista, onde estudaria pelos oito anos seguintes. De trinta e três alunos, foi o sexto melhor da classe. Sua disciplina preferida era História, sobre a qual, anos depois, já adulto, discorreria:

> O estudo da história abre a mente para o entendimento da natureza humana e seu destino [...]. A cultura pessoal é mais do que a mera familiaridade com o estado atual da ciência, tecnologia e assuntos

Apresentação à 9a Edição Brasileira

cívicos. É mais do que a familiaridade com livros, pinturas e a experiência de viagens e visitas a museus. É a assimilação das ideias que despertaram a humanidade da rotina inerte de pura existência animal para uma vida de razão e questionamento. É o esforço do indivíduo para humanizar-se através da absorção das melhores tradições que nos foram transmitidas pelas gerações passadas.

O seu interesse por história o levou aos rumos da economia, pois gostava particularmente das questões práticas, de natureza política, social e econômica. Ao concluir o *Gymnasium*, ingressou na Universidade de Viena, em 1900, no curso de Direito, no qual após cumprir os dois anos do curso básico, fez intervalo de um ano para servir na Divisão de Artilharia Imperial. Por conta deste treinamento, foi recrutado como tenente durante a Primeira Guerra Mundial, servindo entre 1914 e 1917, tento atuado em um curto período de 1916 no Comitê Científico e tendo sido convocado no final de 1917 para ingressar no Ministério da Guerra, onde atuou até o final do conflito, sendo promovido a capitão no início de 1918.

Ao ingressar como aluno na Universidade de Viena, o jovem Ludwig von Mises era um defensor do intervencionismo estatal. Influenciado pelo professor marxista Carl Grünberg (1861-1940) aderiu às teorias da chamada Escola Historicista Alemã de Economia. A mudança de perspectiva ocorreu ao frequentar as aulas de Eugen von Philippovich (1858-1917) e por intermédio da leitura do trabalho fundador da denominada Escola Austríaca de Economia, o livro *Grundsätze der Volkswirtschaftslehre* [*Princípios de Economia Política*] de Carl Menger (1840-1921), que fizeram Mises rapidamente se tornar um adepto do liberalismo. Já na época em que foi aluno de pós-doutorado na mesma instituição de ensino, tornou-se um dos mais proeminentes membros dos famosos seminários ministrados pelo economista Eugen von Böhm-Bawerk (1851-1914), um dos maiores expoentes da Escola Austríaca, que dentre as grandes contribuições destaca-se a crítica devastadora às teorias marxista do valor-trabalho e da exploração da classe operária pelos capitalistas.

Em 1906, Mises aceitou um emprego público na administração fiscal de Viena, mas a burocracia acachapante e a obrigação de dependência à vontade de seus superiores o levaram a pedir demissão poucos meses depois. Passou dois anos em treinamento nas cortes vienenses para trabalhar como advogado, sendo admitido em uma renomada firma, mas continuou procurando outras opções profissionais que o agradassem mais. Finalmente conseguiu uma ocupação satisfatória em 1909, no comitê-gestor da Câmara de Comércio e Indústria da Áustria Menor, ou *Kammer*, grupo privado voltado à defesa dos interesses comerciais e industriais, dotado de grande influência política, no qual trabalhou por vinte e cinco anos.

Ao dar continuidade aos trabalhos de Menger e de Böhm-Bawerk com uma vasta produção intelectual, Mises se tornou o mais importante expoente da Es-

Apresentação à 9a Edição Brasileira

cola Austríaca de Economia. O primeiro grande trabalho que lançou foi o livro *Theorie des Geldes und der Umlaufsmittel* [*A Teoria da Moeda e dos Meios Fiduciários*] de 1912, no qual, ao integrar a teoria da moeda à teoria geral da utilidade marginal e à teoria dos preços, realizou a tarefa pioneira de unir os conhecimentos da "macroeconomia" com os da "microeconomia", considerado algo impossível na época.

Ludwig von Mises lecionou na Universidade de Viena de 1913 até 1934 na condição de *Privat-Dozent*, ou seja, professor convidado sem remuneração fixa, que tinha os rendimentos vinculados ao número de alunos que assistiam suas classes. Dentre os alunos que participaram desses seminários merecem destaques os nomes do filósofo e sociólogo Alfred Schütz (1899-1959), dos economistas Fritz Machlup (1902-1983), Gottfried Haberler (1900-1995) e Oskar Morgenstern (1902-1977), do filósofo e historiador Eric Voegelin (1901-1985) e do economista e filósofo social Friedrich August von Hayek (1899-1992), tendo sido este último laureado com o Prêmio Nobel de Economia em 1974.

O período de 1919 a 1934 foi o auge da produção intelectual misesiana. Para começar, lançou, em 1919, *Nation, Staat, und Wirschaft* [*Nação, Estado e Economia*], seu segundo livro e o primeiro em que relacionou a Ciência Econômica à Filosofia Social e à Ciência Política, no qual partindo do contexto da Primeira Guerra Mundial e das consequências deste conflito, dissertou sobre a ordem política apropriada à manutenção da paz na era democrática. O trabalho foi uma análise pioneira do intervencionismo e do socialismo, ao demonstrar que a Grande Guerra não somente produziu o triunfo do espírito nacionalista, mas, também, foi responsável pela imposição de diversas formas de planejamento central socialista, visto que praticamente todas as nações beligerantes nacionalizaram ou controlaram por completo as indústrias privadas e a agricultura em nome do esforço de guerra, além de terem estabelecido racionamentos e regulações. O autor prevê que as restrições impostas à Alemanha pelo Tratado de Versalhes poderia fomentar a chegada ao poder de um governo nacionalista e adverte que no lugar de buscar a vingança os alemães deveriam optar pela adoção do liberalismo.

Aos 39 anos, publicou em 1920 o famoso ensaio *Die Wirtschaftsrechnung im sozialistischen Gemeinwesen* [*O Cálculo Econômico em uma Comunidade Socialista*], no qual demonstrou que seria impossível planejar um sistema econômico moderno, argumentando que nenhuma tentativa de "mercados" artificiais funcionaria, já que um genuíno sistema de preços e custos requer uma troca de títulos de propriedade, e, portanto, requer a propriedade privada dos meios de produção, o que não ocorre no socialismo. Este texto deu origem ao não menos famoso tratado *Die Gemeinwirtschaft: Untersuchungen über den Sozialismus* [*A Economia Coletiva: Estudos sobre o Socialismo*], lançado originalmente em alemão no ano de 1922 e traduzido para o inglês em 1936 com o títu-

Apresentação à 9a Edição Brasileira

lo *Socialism: An Economic and Sociological Analysis* [*Socialismo: Uma Análise Econômica*], uma brilhante contribuição à crítica do marxismo. Nesse período teve seu prestígio ampliado por significativas contribuições à teoria econômica. As análises misesianas sobre política monetária e sobre os ciclos econômicos foram refinadas nos trabalhos *Die geldtheoretische Seite des Stabilisierungsproblems* [*Uma Visão Teórica do Problema da Estabilização Monetária*], de 1923, *Geldwertstabilisierung und Konjunkturpolitik* [*Estabilização Monetária e Política Econômica Cíclica*], de 1928, e *Die Ursachen der Wirtschaftskrise* [*As Causas da Crise Econômica*], de 1931. No ano de 1927 foi impresso *Liberalismus* [*Liberalismo*], livro que apresenta as linhas gerais que devem nortear uma sociedade liberal, ao revelar a íntima relação entre paz, liberdades civis e livre mercado. Em 1929 foi publicada a coletânea *Kritik des Interventionismus: Untersuchungen zur Wirtschaftspolitik und Wirtschaftsideologie der Gegenwart* [*Crítica ao Intervencionismo: Estudo sobre a Política Econômica e a Ideologia Atuais*], que expõe uma teoria unificada do intervencionismo. Uma nova epistemologia das ciências sociais foi desenvolvida em *Grundprobleme der Nationalökonomie: Untersuchungen über Verfahren, Aufgaben und Inhalt der Wirtschafts und Gesellschaftslehre* [*Problemas Básicos da Economia: Estudos sobre Processos, Tarefas e Conteúdos da Teoria Econômica e Social*], lançada originalmente em alemão no ano de 1933 e traduzida para o inglês em 1960 com o título *Epistemological Problems of Economics* [*Problemas Epistemológicos da Economia*].

Em um jantar na casa de um de seus alunos, no ano de 1925, Ludwig von Mises, já com 45 anos, conheceu sua futura esposa Margit von Mises (1890-1993). A então senhora Margit Serény era uma ex-atriz de teatro, viúva de um aristocrata húngaro e mãe de um casal de filhos. Os dois se apaixonaram rapidamente, contudo, Mises encetou o romance com cautela, uma vez que atrizes, naquela época, eram vistas como prostitutas de luxo. Apesar dos receios de sua mãe Adele, o solteirão Ludwig lentamente consolidou o namoro com Margit, a quem pediu em casamento em dezembro de 1937, alguns meses após a morte da mãe, ocorrida em abril do mesmo ano. Em uma cerimônia muito simples, com a presença de duas testemunhas, Ludwig e Margit se casaram em julho de 1938 na cidade de Genebra, onde o economista austríaco lecionava há alguns anos. Margit foi uma esposa dedicada e companheira inseparável até a morte de Mises, aos 90 anos, sendo responsável até o seu falecimento, aos 102 anos, em 25 de junho de 1993, pela edição póstuma de inúmeros trabalhos o economista austríaco, incluindo este livro *As Seis Lições*, para o qual, também, escreveu o prefácio. O relacionamento do casal foi narrado por Margit no livro *My Years with Ludwig von Mises* [*Meus Anos com Ludwig von Mises*], lançado em 1976.

Em 1934, Ludwig von Mises recebeu a oferta para trabalhar no conceituado The Graduate Institute of

International Studies [Instituto Universitário de Altos Estudos Internacionais] em Genebra, onde ocupou, entre 1934 a 1940, a cátedra de Relações Econômicas Internacionais. A oferta era atraente, devido ao salário elevado e, também, pelo fato da vida na cidade de Viena na época ter se tornado desagradável por conta da influência dos nazistas na política austríaca que iniciou um cerco à comunidade judaica local. Mesmo sendo fluente em francês, Mises optou por proferir suas aulas em inglês, apesar da pouca capacidade de se expressar neste idioma, pois antevia que deveria estar preparado para uma eventual emigração para a Inglaterra ou para os Estados Unidos.

No final de 1937, Ludwig von Mises pensava em retornar para Viena por conta de dificuldades financeiras na instituição que estava lecionando em Genebra. Em março de 1938, foi à Viena com o objetivo de preparar as bodas com Margit. Entretanto, ao tomar conhecimento de que estava na lista negra dos nazistas, retornou às pressas para Genebra da manhã de 11 de março. Naquele mesmo dia, Heinrich Himmler (1900-1945), o comandante da SS, a poderosa organização paramilitar nazista, chegou em Viena para capturar alguns adversários e confiscar suas propriedades. Em 13 de março, mesma data em que ocorreu a anexação da Áustria pela Alemanha, o apartamento de Mises na cidade de Viena foi arrombado pelos nazistas, que confiscaram todos os seus objetos pessoais, obras de arte, sua biblioteca, sua correspondência e manuscritos de seus trabalhos. O economista austríaco jamais voltaria a ver os seus pertences, e até o fim da vida acreditou que suas obras haviam sido destruídas. Após o fim da guerra, os bens encaixotados foram encontrados pelos soviéticos em um vagão de trem na região da Boêmia, na atual República Tcheca, sendo enviados para um arquivo secreto em Moscou, cuja existência foi revelada apenas em 1991, dezoito anos depois da morte de Mises e dois anos antes de Margit falecer. Alguns de seus ensaios desaparecidos foram publicados em inglês, entre os anos de 2000 e 2012, em uma coletânea de três volumes organizada por Richard M. Ebeling.

A invasão da Polônia pelos nazistas, em 1º de setembro de 1939, deu início à Segunda Guerra Mundial. Com uma velocidade assustadora, gradativamente a máquina de guerra nazista conquistou quase toda a Europa continental. Estando isolado na Suíça, que, mesmo tendo mantido a neutralidade se encontrava totalmente cercada por países conquistados pelos alemães, Mises decidiu imigrar para os Estados Unidos, pois sabia que os nazistas estavam continuamente pressionando o governo suíço a entregar sua cabeça, além dele quase ter sido capturado em uma tentativa de sequestro. Quando finalmente obteve o visto norte-americano e uma passagem de navio entre Lisboa e Nova York, já era muito tarde para sobrevoar a França, que, desde a rendição em 22 de junho de 1940, estava sob o controle dos nazistas. A solução foi tentar junto com a esposa uma arriscada fuga de ônibus, iniciada em 3 de julho, que após diversos momentos de tensão na França e na Espanha, possibilitou ao casal zarpar em 25 de julho.

Apresentação à 9a Edição Brasileira

No período entre 1934 e 1940, além das aulas em Genebra, o economista austríaco esteve trabalhando em uma nova obra. O resultado foi o monumental *Nationalökonomie: Theorie des Handelns und Wirtschaftens* [*Economia: Teoria da Ação e da Atividade Econômica*], lançado em alemão no mês de maio de 1940, sendo uma versão preliminar de seu livro mais importante, *Human Action: A Treatise on Economics* [*Ação Humana: Um Tratado de Economia*], publicado em inglês no ano de 1949. *Nationalökonomie* foi esquecido por ter sido lançado no mesmo mês fatídico em que a França, a Bélgica, os Países Baixos e Luxemburgo foram invadidos, fazendo com que, além de ter vários exemplares confiscados e destruídos pelos nazistas, a obra fosse ofuscada pelos acontecimentos da guerra.

Em 3 de agosto de 1940, aos 58 anos de idade, Ludwig von Mises chegou nos Estados Unidos com pouquíssima bagagem, uma pequena poupança e nenhum contrato de trabalho. Além da idade avançada, a rejeição generalizada às suas ideias não contribuiu para uma boa colocação profissional, visto que o ambiente ideológico era dominado pelo intervencionismo: no plano das ideias pelas teorias econômicas de John Maynard Keynes (1883-1946) e na prática política pelos programas do *New Deal* implementado pela administração de Franklin Delano Roosevelt (1882-1945). As tentativas de conseguir emprego como professor na University of California, tanto em Berkeley quanto em Los Angeles, falharam. O economista austríaco recusou a oferta de trabalhar para o governo norte-americano como burocrata no setor de planejamento, que empregava diversos economistas, incluindo John Kenneth Galbraith (1908-2006) e alguns de seus ex-alunos. Não aceitou, tampouco, a proposta de fazer parte de um grupo de pesquisas estatísticas na Columbia University coordenado por Milton Friedman (1912-2006). Trair os seus princípios como um meio de sobrevivência não fazia parte de seus planos. Além de consumir suas poucas reservas e de vender alguns livros raros que possuía, o caminho para se manter, neste que pode ser descrito como o período mais difícil de sua vida, foi ministrar palestras em universidades e continuar buscando um emprego na iniciativa privada.

O então editor do *The New York Times*, Henry Hazlitt (1894-1993), que já conhecia as obras de Ludwig von Mises, o convidou para escrever alguns editoriais remunerados para o jornal, o que foi o início de uma forte amizade. Após um ano em Nova York, finalmente, Mises recebeu da Rockefeller Foundation um cargo patrocinado no National Bureau of Economic Research, cuja bolsa expirou em 1944, sendo renovada em regime de exceção por mais dois anos. Adicionalmente, foi contratado para a função de consultor econômico da National Association of Manufacturers (NAM) [Associação Nacional de Industriais], uma entidade que se opunha ao *New Deal*. Ainda em 1944 conheceu Leonard Read (1898-1983), que fundou em 1946 a Foundation for Economic Education (FEE), na qual o economista austríaco atuou, desde a criação da instituição até sua morte, como consultor, tendo ministrado inúmeros seminários e palestras. Finalmente, começou a trabalhar, em 1945, como professor visitante, em uma cátedra financiada por alguns amigos, na New York University (NYU), onde deu aulas até 1969, tendo como alunos de seus seminários Murray N. Rothbard (1926-1995), Hans F. Sennholz (1922-2007), William H. Peterson (1921-2012), Ralph Raico (1936-2016), George Reisman e Israel M. Kirzner, que se destacariam posteriormente pelas contribuições que deram ao desenvolvimento da Escola Austríaca.

Todas as obras de Ludwig von Mises até a mudança para os Estados Unidos haviam sido escritas em alemão. Em língua inglesa haviam sido apenas publicados, respectivamente em 1934 e em 1936, os livros *A Teoria da Moeda e dos Meios Fiduciários*, e *Socialismo: Uma Análise Econômica*, contudo, o autor descobriu que as traduções eram imprecisas, negligenciando sutilezas de seu raciocínio e contendo erros conceituais. O economista austríaco percebeu que deveria escrever em inglês para que suas ideias fossem melhor compreendidas e atingissem um público maior. A primeira obra dele em inglês foi *Interventionism: An Economic Analysis* [*Intervencionismo: Uma Análise Econômica*], escrito em 1941, mas lançada postumamente apenas em 1998, por sua assistente Bettina Bien Graves. O livro que inaugurou a vasta bibliografia de Mises lançada originalmente em língua inglesa foi *Omnipotent Government* [*Governo Onipotente*], de 1944, no qual desafiou a então visão marxista que defendia serem o fascismo e o nazismo governos impostos por grandes corporações e pela "classe capitalista". No mesmo ano publicou *Bureaucracy* [*Burocracia*], uma análise, ainda não superada, dos motivos pelos quais a gestão burocrática, tanto governamental quanto privada, cria sérios problemas econômicos, sociológicos e psicológicos para a sociedade. Todavia, o mais importante trabalho de Mises, é indubitavelmente *Ação Humana: Um Tratado de Economia*, no qual elaborou uma estrutura integrada e massiva de teoria econômica, fundada em princípios dedutivos que demonstram que a Economia é apenas uma parte de uma ciência mais ampla, a *Praxiologia*, cujo objetivo é o entendimento da ação humana. Partindo de uma análise filosófica dos princípios "praxiológicos" que norteiam todas as ações racionais, o economista austríaco apresenta ao longo do monumental tratado uma visão ampla dos aspectos econômicos das relações humanas, incluindo suas consequências políticas. A publicação obra causou impacto imediato e tornou o autor uma figura central na direita norte-americana, sendo reconhecido como um gênio das ciências sociais.

Após ter lançado *Ação Humana*, em 1949, Ludwig von Mises continuou produzindo trabalhos importantes, como os livros *The Anti-Capitalistic Mentality* [*A Mentalidade Anticapitalista*], de 1956, *Theory and History: An Interpretation of Social and Economic Evolution* [*Teoria e História: Uma Interpretação da*

Apresentação à 9a Edição Brasileira

Evolução Social e Econômica], de 1957, *The Ultimate Foundation of Economic Science: An Essay on Method* [*Os Fundamentos Últimos da Ciência Econômica: Um Ensaio sobre o Método*], de 1962, e *The Historical Setting of the Austrian School of Economics* [*O Contexto Histórico da Escola Austríaca de Economia*], de 1969. Nesse período o economista austríaco continuou ativo, mantendo contato com inúmeros intelectuais, sendo um dos fundadores da Mont Pelerin Society, e proferindo diversas palestras nos Estados Unidos, na Europa e na América Latina, algumas das quais, foram transcritas e lançadas postumamente. Com a voz frágil e parcialmente surdo, reduziu suas atividades a partir de 1962 para se concentrar exclusivamente nas aulas que ministrou na NYU, até 1969, e nas palestras e seminários organizados FEE, dos quais foi palestrante até 1972. Daí em diante a sua condição física deteriorou-se e, aos 92 anos, Mises faleceu em outubro de 1973.

Durante toda a vida intelectual o economista austríaco foi coerente na defesa da liberdade individual e das instituições que a tornam possível, ao mesmo tempo em que não perdeu o rigor científico na análise dos mais urgentes problemas sociais, econômicos e políticos de nossa época. A morte não diminuiu a influência do legado de Ludwig von Mises, que continua mais vigoroso e atual em nossos dias do que nos períodos em que o grande pensador atuou. Os trabalhos de seus discípulos, especialmente F. A. Hayek, Murray N. Rothbard, Hans Hans F. Sennholz e Israel M. Kirzner desempenharam um papel importante no renascimento da Escola Austríaca de Economia e, principalmente, na divulgação do pensamento misesiano. Após a experiência pioneira do Ludwig von Mises Institute, fundado nos Estados Unidos em 1982, instituições de pesquisa e ensino com o nome do economista austríaco foram criadas de modo independente e descentralizado em todo o mundo. Em nosso país o Instituto Ludwig von Mises Brasil (IMB) atua desde 2007 com a veiculação de artigos diários e de um podcast semanal, com publicação de livros e de um periódico acadêmico, a *MISES: Revista Interdisciplinar de Filosofia, Direito e Economia*, e com promoção de cursos de extensão, além de uma pós-graduação em Escola Austríaca.

A divulgação do pensamento misesiano para um público mais amplo no Brasil e a publicação de obras do economista austríaco pela primeira vez em língua portuguesa se devem pelo ao trabalho pioneiro do Instituto Liberal (IL), fundado em 1983 por Donald Stewart Jr. (1931-1999), que, também, foi o tradutor do monumental *Ação Humana: Um Tratado de Economia* e de *Intervencionismo: Uma Análise Econômica*, além de ter escrito livros e ensaios na perspectiva da Escola Austríaca. Muito antes do IL e do IMB iniciarem a difusão de textos de Ludwig von Mises, algumas obras do autor foram lidas e comentadas desde a década de 1930 por importantes pensadores brasileiros, dentre os quais se destacam Francisco José de Oliveira Vianna (1883-1951), Eugênio Gudin (1886-1986),

Apresentação à 9a Edição Brasileira

João Camilo de Oliveira Torres (1916-1973), Roque Spencer Maciel de Barros (1927-1999), José Osvaldo de Meira Penna (1917-2017), Og Francisco Leme (1922-2004), Roberto Campos (1917-2000), Ubiratan Borges de Macedo (1937-2007) e Antonio Paim.

Os livros de Ludwig von Mises continuam sendo reeditados em inglês, além de cada vez mais serem traduzidos para outros idiomas. Novos trabalhos são lançados com certa frequência, principalmente artigos inéditos e transcrições de cursos ou de palestras. Recentemente foram editados *The Free Market and Its Enemies* [*O Livre Mercado e seus Inimigos*], em 2004, *Marxism Unmasked: From Delusion to Destruction* [*O Marxismo Desmascarado: Da Desilusão à Destruição*], em 2006, *On Money and Inflation* [*Sobre Moeda e Inflação*], em 2010, os três reunindo transcrições de palestras, sendo os dois primeiros organizados por Richard M. Ebeling e o último por Bettina Bien Greaves.

A principal obra dentre todas as transcrições de falas do economista austríaco, entretanto, continua sendo a presente obra, publicada em inglês o título *Economic Policy: Thoughts for Today and Tomorrow* [*Política Econômica: Pensamentos para Hoje e Amanhã*].

Publicado em inglês no ano de 1979, este livro organizado por Margit von Mises é a transcrição integral de seis palestras ministradas pelo economista austríaco. A convite de Alberto Benegas Lynch (1909-1999), em evento organizado pelo Centro de Difusión de la Economía Libre, as conferências foram realizadas durante o mês de junho de 1959, na Universidade de Buenos Aires, para centenas de estudantes. Na característica linguagem clara e objetiva, Mises discutiu nessas seis palestras inúmeras questões de suma importância para a defesa da liberdade individual contra as diversas formas de intervencionismo estatal que ao impedir o progresso econômico ameaçam o pleno desenvolvimento humano. Este trabalho pode ser considerado uma das melhores introduções ao pensamento econômico, político e social de Ludwig von Mises.

Em português o livro foi publicado originalmente, com tradução de Maria Luiza X. de A. Borges, pelo IL em 1989. A obra foi reeditada pelo IMB em 2010. Para celebrar os 10 anos de fundação do IMB, uma edição especial revista e ampliada do livro, com o título *As Seis Lições: Reflexões sobre Política Econômica para Hoje e Amanhã*, foi publicada em 2017 pela LVM Editora como primeiro volume da Coleção von Mises, que planeja lançar em língua portuguesa as obras completas do economista austríaco, em versões críticas, acrescidas de notas do editor e de prefácios, de estudos introdutórios e de posfácios escritos por especialistas. A tradução original do livro foi revisada, tomando como base a terceira edição em inglês, lançada em 2010 pelo Liberty Fund e editada por Bettina Bien Greaves, o que acarretou algumas mudanças significativas em relação às versões publicadas anteriormente pelo IL e pelo IMB. Com o objetivo de alcançar um público mais amplo, decidimos lançar esta nova edição pela LVM Editora, na qual foram mantidas as revisões no texto e acrescentado o presente ensaio elaborado por Helio Beltrão e Alex Catharino, mas foram excluídos os estudos de outros autores e as notas de rodapé do editor, permanecendo somente o prefácio original de Margit von Mises.

Uma versão de *As Seis Lições* se encontra disponível em áudiolivro na plataforma Ubook, na qual a tradução das conferências proferidas em Buenos Aires foi gravada na voz de Ettori Zuim, o dublador de Christian Bale, o Batman da Trilogia de Christopher Nolan. A escolha do narrador foi uma homenagem à estória em quadrinhos *Batman em Berlim*, escrita e ilustrada pelo cartunista Paul Pope, que foi publicada originalmente pela DC Comics em 1998. Nesta narrativa do "cavalheiro das trevas" uma versão do famoso super-herói, protagonizado por Baruch Wane, um pintor cubista judeu milionário, tenta salvar dos nazistas a biblioteca e os manuscritos do economista austríaco. O protagonista narra que certa vez encontrou com o economista austríaco e que lera seus livros, afirmando ser ele *"muito corajoso de estar se opondo ao partido nestes tempos difíceis"*. Ao final da aventura, encontramos as seguintes palavras nos últimos quadrinhos:

> Das memórias do Batman escritas por Robin em 1998 (não publicadas) "... Ludwig von Mises fugiu para os Estados Unidos quando os nazistas revistaram o seu apartamento em 1938. Foi sua senhoria, uma amiga de sua esposa, que disse para as autoridades que von Mises estava trabalhando num novo livro que desafiava as políticas social e econômica dos nazistas. Eles diminuíram o seu ímpeto, mas não conseguiram detê-lo. Von Mises concluiu seu

livro *Ação Humana* em 1949, que atualmente é considerado um dos maiores trabalhos libertários de todos os tempos. As ideias antiautoritárias foram, antes de tudo, uma ameaça para os nazistas, depois para os soviéticos e para todos os cada vez mais numerosos regimes totalitários de nossos tempos. Ele era contra todas as muitas formas de socialismo, defendia a liberdade individual, a liberdade de expressão, a liberdade de pensamento... Assim como o Batman de Berlim. O Batman, como todos nós sabemos, evoluiu naquilo a que se propunha, e o legado de suas façanhas continua a crescer até os dias de hoje".

A frase provavelmente mais citada de Ludwig von Mises, pronunciada na sexta e última das palestras na cidade de Buenos Aires em 1959, é que *"ideias, somente ideias, podem iluminar a escuridão"*. Ao que parece, as ideias do "último cavaleiro do liberalismo" conseguiram iluminar até mesmo o "cavaleiro das trevas". Esperamos que os ensinamentos do grande economista austríaco iluminem cada vez mais indivíduos, principalmente no Brasil, para que os dias futuros sejam mais livres, mais prósperos, mais justos e mais pacíficos, sem intervenção estatal.

São Paulo
Março de 2018

Prefácio à Edição Norte-Americana

Margit von Mises

"O presente livro reflete plenamente a posição fundamental do autor, que lhe valeu – e ainda lhe vale – a admiração dos discípulos e os insultos dos adversários. Ao mesmo tempo que cada uma das seis lições pode figurar separadamente como um ensaio independente, a harmonia da série proporciona um prazer estético similar ao que se origina da contemplação da arquitetura de um edifício bem concebido".

– Fritz Machlup
Princeton, 1979

Em fins de 1958, meu marido foi convidado pelo Dr. Alberto Benegas Lynch (1909-1999) para pronunciar uma série de conferências na Argentina, e eu o acompanhei. Este livro contém a transcrição das palavras dirigidas por ele nessas conferências a centenas de estudantes argentinos.

Chegamos à Argentina alguns meses depois, em 1º de julho de 1959. Juan Domingo Perón (1895-1974) fora forçado a deixar o país. Ele governara desastrosamente e destruíra por completo as bases econômicas da Argentina. Seu sucessor, Eduardo Lonardi (1896-

1956), não foi muito melhor. A nação estava pronta para novas ideias, e meu marido, igualmente, pronto a fornecê-las.

Suas conferências foram proferidas em inglês, no enorme auditório da Universidade de Buenos Aires. Em duas salas contíguas, estudantes ouviam com fones de ouvido suas palavras, que eram traduzidas simultaneamente para o espanhol. Ludwig von Mises (1881-1973) falou sem nenhuma restrição sobre capitalismo, socialismo, intervencionismo, comunismo, fascismo, política econômica e sobre os perigos da ditadura. Aquela gente jovem que o ouvia não sabia muito acerca de liberdade de mercado ou de liberdade individual.

Em meu livro *My Years with Ludwig von Mises* [*Meus Anos com Ludwig von Mises*], escrevi, a propósito dessa ocasião: *"Se alguém naquela época tivesse ousado atacar o comunismo e o fascismo como fez meu marido, a polícia teria interferido, prendendo-o imediatamente e a reunião teria sido suspensa".*

O auditório reagiu como se uma janela tivesse sido aberta e o ar fresco tivesse podido circular pelas salas. Ele falou sem se valer de quaisquer apontamentos. Como sempre, seus pensamentos foram guiados por umas poucas palavras escritas num pedaço de papel. Sabia exatamente o que queria dizer e, empregando termos relativamente simples, conseguiu comunicar as ideias a uma audiência pouco familiarizada com sua obra de um modo tal que todos pudessem compreender precisamente o que estava dizendo.

As conferências haviam sido gravadas, as fitas, posteriormente, foram transcritas. Encontrei este manuscrito datilografado entre os escritos póstumos de meu marido. Ao ler a transcrição, recordei vividamente o singular entusiasmo com que aqueles argentinos tinham reagido às palavras de meu marido. E, embora não seja economista, achei que essas conferências, pronunciadas para um público leigo na América do Sul, eram de muito mais fácil compreensão que muitos dos escritos mais teóricos de Ludwig von Mises. Pareceu-me que continham tanto material valioso, tantos pensamentos relevantes para a atualidade e para o futuro, que deviam ser publicados.

Meu marido não havia feito uma revisão destas transcrições no intuito de publicá-las em livro. Coube a mim esta tarefa. Tive muito cuidado em manter intacto o significado de cada frase, em nada alterar do conteúdo e em preservar todas as expressões que meu marido costumava usar, tão familiares a seus leitores. Minha única contribuição foi reordenar as frases e retirar algumas das expressões próprias da linguagem oral informal. Se minha tentativa de converter essas conferências num livro foi bem-sucedida, isto se deve apenas ao fato de que, a cada frase, eu ouvia a voz de meu marido, eu o ouvia falar. Ele estava vivo para mim, vivo na clareza com que demonstrava o mal e o perigo do excesso de governo; no modo compreensivo e lúcido como descrevia as diferenças entre ditadura e intervencionismo; na extrema perspicácia com que falava sobre personalidades históricas; na capacidade de fazer reviver tempos passados com umas poucas observações.

Quero aproveitar esta oportunidade para agradecer ao meu amigo George Koether (1907-2006) pelo auxílio que me prestou nesta tarefa. Sua experiência editorial e compreensão das teorias de meu marido foram de grande valia para este livro.

Espero que estas conferências sejam lidas não só por especialistas na área, mas também pelos muitos admiradores de meu marido que não são economistas. E espero sinceramente que este livro venha a tornar-se acessível a um público mais jovem, especialmente aos alunos dos cursos secundários e universitários de todo o mundo.

Nova York
Junho de 1979

LUDWIG VON MISES

AS SEIS LIÇÕES

SOCIALISMO
CAPITALISMO
INTERVENCIONISMO
INFLAÇÃO
INVESTIMENTO EXTERNO
POLÍTICA E IDEIAS

Primeira Lição

O Capitalismo

Certas expressões usadas pelo povo, muitas vezes, são inteiramente equivocadas. Assim, atribuem-se a capitães de indústria e a grandes empresários de nossos dias epítetos como "o rei do chocolate", "o rei do algodão" ou "o rei do automóvel". Ao usar essas expressões, o povo demonstra não ver praticamente nenhuma diferença entre os industriais de hoje e os reis, duques ou lordes de outrora. Mas, na realidade, a diferença é enorme, pois um rei do chocolate absolutamente não rege, ele *serve*. Não reina sobre um território conquistado, independente do mercado, independente de seus compradores. O rei do chocolate – ou do aço, ou do automóvel, ou qualquer outro rei da indústria contemporânea – depende da indústria que administra e dos clientes a quem presta serviços. Esse "rei" precisa se conservar nas boas graças dos seus súditos, os consumidores: perderá seu "reino" assim que já não tiver condições de prestar aos seus clientes um serviço melhor e de mais baixo custo que o oferecido por seus concorrentes.

Duzentos anos atrás, antes do advento do capitalismo, o *status* social de um homem permanecia inalterado do princípio ao fim de sua existência: era herdado dos seus ancestrais e nunca mudava. Se nascesse pobre, pobre seria para sempre; se rico – lorde ou duque –, manteria seu ducado, e a propriedade que o acompanhava, pelo resto dos seus dias.

No tocante à manufatura, as primitivas indústrias de beneficiamento da época existiam quase exclusivamente em proveito dos ricos. A grande maioria do povo (90% ou mais da população europeia) trabalhava na terra e não tinha contato com as indústrias de beneficiamento, voltadas para a cidade. Esse rígido sistema da sociedade feudal imperou, por muitos séculos, nas mais desenvolvidas regiões da Europa.

1 – O início do Capitalismo

Contudo, a população rural se expandiu e passou a haver um excesso de gente no campo. Os membros dessa população excedente, sem terras herdadas ou bens, careciam de ocupação. Também não lhes era possível trabalhar nas indústrias de beneficiamento, cujo acesso lhes era vedado pelos reis das cidades. O número desses "párias" crescia incessantemente, sem que, todavia, ninguém soubesse o que fazer com eles. Eram, no pleno sentido da palavra, "proletários", e ao governo só restava interná-los em asilos ou casas de correção. Em algumas regiões da Europa, sobretudo nos Países Baixos e na Inglaterra, essa população tornou-se tão numerosa que, no século XVIII, consti-

O Capitalismo

tuía uma verdadeira ameaça à preservação do sistema social vigente.

Hoje, ao discutir questões análogas em lugares como a Índia ou outros países em desenvolvimento, não devemos esquecer que, na Inglaterra do século XVIII, as condições eram muito piores. Naquele tempo, a Inglaterra tinha uma população de seis ou sete milhões de habitantes, dos quais mais de um milhão – provavelmente dois – não passavam de indigentes a quem o sistema social em vigor nada proporcionava. As medidas a tomar com relação a esses deserdados constituíam um dos maiores problemas da Inglaterra do século XVIII.

Outro sério problema era a falta de matérias-primas. Os ingleses eram obrigados a enfrentar a seguinte questão: que faremos, no futuro, quando nossas florestas já não nos derem a madeira de que necessitamos para nossas indústrias e para aquecer nossas casas? Para as classes governantes, era uma situação desesperadora. Os estadistas não sabiam o que fazer e as autoridades em geral não tinham nenhuma ideia sobre como melhorar as condições.

Foi dessa grave situação social que emergiram os começos do capitalismo moderno. Dentre aqueles párias, aqueles miseráveis, surgiram pessoas que tentaram organizar grupos para estabelecer pequenos negócios, capazes de produzir alguma coisa. Foi uma inovação. Esses inovadores não produziam artigos caros, acessíveis apenas às classes mais altas: produziam bens mais baratos, que pudessem satisfazer as necessidades de todos. E foi essa a origem do capitalismo tal como hoje funciona. Foi o *começo da produção em massa* – princípio básico da indústria capitalista. Enquanto as antigas indústrias de beneficiamento funcionavam a serviço da gente abastada das cidades, existindo quase que exclusivamente para corresponder às demandas dessas classes privilegiadas, as novas indústrias capitalistas começaram a produzir artigos acessíveis a toda a população. Era a produção em massa, para satisfazer às necessidades das massas.

Este é o princípio fundamental do capitalismo tal como existe hoje em todos os países onde há um sistema de produção em massa extremamente desenvolvido: as empresas de grande porte, alvo dos mais fanáticos ataques desfechados pelos pretensos esquerdistas, produzem quase exclusivamente para suprir a carência das massas. As empresas dedicadas à fabricação de artigos de luxo, para uso apenas dos abastados, jamais têm condições de alcançar a magnitude das grandes empresas. E, hoje, os empregados das grandes fábricas são, eles próprios, os maiores consumidores dos produtos que nelas se fabricam. Esta é a diferença básica entre os princípios capitalistas de produção e os princípios feudalistas de épocas anteriores.

2 – Empresas servem aos clientes

Quando se pressupõe ou se afirma a existência de uma diferença entre os produtores e os consumidores dos produtos da grande empresa, incorre-se em grave erro. Nas grandes lojas dos Estados Unidos, ouvimos o slogan: "O cliente tem sempre razão". E esse cliente é o mesmo homem que produz, na fábrica, os artigos à venda naqueles estabelecimentos. Os que pensam que a grande empresa detém um enorme poder também se equivocam, uma vez que a empresa de grande porte é inteiramente dependente da preferência dos que lhes compram os produtos; a mais poderosa empresa perderia o poder e a influência se perdesse seus clientes.

Há cinquenta ou sessenta anos, era voz corrente em quase todos os países capitalistas que as companhias de estradas de ferro eram por demais grandes e poderosas: sendo monopolistas, tornavam impossível a concorrência. Alegava-se que, na área dos transportes, o capitalismo já havia atingido um estágio no qual se destruíra a si mesmo, pois que eliminara a concorrência. O que se descurava era o fato de que o poder das ferrovias dependia da capacidade de oferecer à população um meio de transporte melhor que qualquer outro. Evidentemente teria sido absurdo concorrer com uma dessas grandes estradas de ferro, pela implantação de uma nova ferrovia paralela à anterior, porquanto a primeira era suficiente para atender às necessidades do momento. Mas outros concorrentes não tardaram a aparecer. A livre concorrência não significa que se possa prosperar pela simples imitação ou cópia exata do que já foi feito por alguém. A liberdade de imprensa não significa o direito de copiar o que outra pessoa escreveu, e assim alcançar o sucesso a que o verdadeiro autor fez jus por suas obras. Significa o direito de escrever outra coisa. A liberdade de concorrência no tocante às ferrovias, por exemplo, significa liberdade para inventar alguma coisa nova, para fazer uma inovação que desafie as estradas de ferro já existentes e as coloque em situação muito precária de competitividade.

Nos Estados Unidos, a concorrência que se estabeleceu por intermédio dos ônibus, automóveis, caminhões e aviões impôs às estradas de ferro grandes perdas e uma derrota quase absoluta no que diz respeito ao transporte de passageiros.

O desenvolvimento do capitalismo consiste em que cada homem tem o direito de servir melhor e/ou mais barato o seu cliente. E, num tempo relativamente curto, esse método, esse princípio, transformou a face do mundo, possibilitando um crescimento sem precedentes da população mundial.

Na Inglaterra do século XVIII, o território só podia dar sustento a seis milhões de pessoas, num baixíssimo padrão de vida. Hoje, mais de cinquenta milhões de pessoas aí desfrutam de um padrão de vida que chega a ser superior ao que desfrutavam os ricos no século XVIII. E o padrão de vida na Inglaterra de hoje seria provavelmente mais alto ainda, não tivessem os ingleses dissipado boa parte de sua energia no que, por diversos pontos de vista, não foram mais que "aventuras" políticas e militares evitáveis.

Estes são os fatos acerca do capitalismo. Assim, se um inglês – ou, no tocante a esta questão, qualquer homem de qualquer país do mundo – afirmar hoje aos amigos ser contrário ao capitalismo, há uma esplêndida contestação a lhe fazer: "Sabe que a população deste planeta é hoje dez vezes maior que nos períodos precedentes ao capitalismo? Sabe que todos os homens usufruem hoje um padrão de vida mais elevado que o de seus ancestrais antes do advento do capitalismo? E como você pode ter certeza de que, se não fosse o capitalismo, você estaria integrando a décima parte da população sobrevivente? Sua mera existência é uma prova do êxito do capitalismo, seja qual for o valor que você atribua à própria vida".

Não obstante todos os seus benefícios, o capitalismo foi furiosamente atacado e criticado. É preciso compreender a origem dessa aversão. É fato que o ódio ao capitalismo nasceu *não* entre o povo, *não* entre os próprios trabalhadores, mas em meio à aristocracia fundiária – a pequena nobreza da Inglaterra e da Europa continental. Culpavam o capitalismo por algo que não lhes era muito agradável: no início do século XIX, os salários mais altos pagos pelas indústrias aos seus trabalhadores forçaram a aristocracia agrária a pagar salários igualmente altos aos seus trabalhadores *agrícolas*. A aristocracia atacava a indústria criticando o padrão de vida das massas trabalhadoras.

3 – O Capitalismo eleva os padrões de vida

Obviamente, do nosso ponto de vista, o padrão de vida dos trabalhadores era extremamente baixo. Mas, se as condições de vida nos primórdios do capitalismo eram absolutamente escandalosas, não era porque as recém-criadas indústrias capitalistas estivessem prejudicando os trabalhadores: as pessoas contratadas pelas fábricas já subsistiam antes em condições praticamente subumanas.

A velha história famosa, repetida centenas de vezes, de que as fábricas empregavam mulheres e crianças que, antes de trabalharem nessas fábricas, viviam em condições satisfatórias, é um dos maiores embustes da história. As mães que trabalhavam nas fábricas não tinham o que cozinhar: não abandonavam seus lares e suas cozinhas para se dirigir às fábricas – corriam a elas porque não tinham cozinhas e, ainda que as tivessem, não tinham comida para nelas cozinharem. E as crianças não provinham de um ambiente confortável: estavam famintas, estavam morrendo. E o tão falado e indescritível horror do capitalismo primitivo pode ser refutado por uma única estatística: precisamente nesses anos de expansão do capitalismo na Inglaterra, no chamado período da Revolução Industrial inglesa, entre 1760 e 1830, a população do país dobrou, o que significa que centenas de milhares de crianças – que em outros tempos teriam morrido – sobreviveram e cresceram, tornando-se homens e mulheres.

Não há dúvida de que as condições gerais de vida em épocas anteriores eram muito insatisfatórias. Foi o comércio capitalista que as melhorou. Foram justamente aquelas primeiras fábricas as que passaram a suprir, direta ou indiretamente, as necessidades de seus trabalhadores, por intermédio da exportação de manufaturados e da importação de alimentos e matérias-primas de outros países. Mais uma vez, os primeiros historiadores do capitalismo falsearam – é difícil usar uma palavra mais branda – a história.

Há uma anedota – provavelmente inventada – que se costuma contar a respeito de Benjamin Franklin (1706-1790). Em visita a um cotonifício na Inglaterra, Ben Franklin ouviu do proprietário cheio de orgulho: "Veja, temos aqui tecidos de algodão para a Hungria". Olhando à sua volta e constatando que os trabalhadores estavam em andrajos, Franklin perguntou: "E por que não produz também para os seus empregados?"

Entretanto, as exportações de que falava o dono do cotonifício realmente significavam que ele *de fato* produzia para os próprios empregados, visto que a Inglaterra tinha de importar toda a matéria-prima. Não possuía nenhum algodão, como também ocorria com a Europa continental. A Inglaterra atravessava uma fase de escassez de alimentos: era necessária a importação da Polônia, da Rússia, da Hungria. Assim, as exportações – como as de tecidos – se constituíam no pagamento de importações de alimentos necessários à sobrevivência da população inglesa. Muitos exemplos da história dessa época revelarão a atitude da pequena nobreza e da aristocracia com relação aos trabalhadores. Quero citar apenas dois. Um é o famoso sistema inglês do *Speenhamland*. Por tal sistema, o governo inglês pagava a todos os trabalhadores que não chegavam a receber um salário mínimo (oficialmente fixado) a diferença entre o que recebiam e esse mínimo. Isso poupava à aristocracia fundiária o dissabor de pagar salários mais altos. A pequena nobreza continuaria pagando o tradicionalmente baixo salário agrícola, suplementado pelo governo. Evitava-se, assim, que os trabalhadores abandonassem as atividades rurais em busca de emprego nas fábricas urbanas.

Oitenta anos depois, após a expansão do capitalismo da Inglaterra para a Europa continental, mais uma vez verificou-se a reação da aristocracia rural contra o novo sistema de produção. Na Alemanha, os aristocratas prussianos – tendo perdido muitos trabalhadores para as indústrias capitalistas, que ofereciam melhor remuneração – cunharam uma expressão especial para designar o problema: "fuga do campo" – *Landflucht*. Discutiu-se, então, no parlamento alemão, que tipo de medida se poderia tomar contra aquele *mal* – e tratava-se indiscutivelmente de um mal, do ponto de vista da aristocracia rural.

O príncipe Otto von Bismarck (1815-1898), o famoso chanceler do *Reich* alemão, disse um dia num discurso: "Encontrei em Berlim um homem que havia trabalhado em minhas terras. Perguntei-lhe: 'Por que deixou minhas terras? Por que deixou o campo? Por que vive agora em Berlim?'"

E, segundo Bismarck, o homem respondeu: "Na aldeia não se tem, como aqui em Berlim, um *Biergarten* tão lindo, onde podemos sentar; tomar cerveja e ouvir música". Esta é, sem dúvida, uma estória contada do ponto de vista do príncipe Bismarck, o empregador. Não seria o ponto de vista de todos os seus empregados. Estes acorriam à indústria porque ela lhes pagava salários mais altos e elevava o padrão de vida a níveis sem precedentes.

Hoje, nos países capitalistas, há relativamente pouca diferença entre a vida básica das chamadas classes mais altas e a das mais baixas: ambas têm alimento, roupas e abrigo. Mas no século XVIII, e nos que o precederam, o que distinguia o homem da classe média do da classe baixa era o fato de o primeiro ter sapatos, e o segundo, *não*. Hoje, nos Estados Unidos, a diferença entre um rico e um pobre reduz-se muitas vezes à diferença entre um Cadillac e um Chevrolet. O Chevrolet pode ser de segunda mão, mas presta a seu dono basicamente os mesmos serviços que o Cadillac poderia prestar, uma vez que também está apto a se deslocar de um local a outro. Mais de 50% da população dos Estados Unidos vivem em casas e apartamentos próprios.

As investidas contra o capitalismo – especialmente no que se refere aos padrões salariais mais altos – tiveram por origem a falsa suposição de que os salários são, em última análise, pagos por pessoas diferentes daquelas que trabalham nas fábricas. Certamente, nada impede que economistas e estudantes de teorias econômicas tracem uma distinção entre trabalhador e consumidor. Mas o fato é que todo consumidor tem de ganhar, de uma maneira ou de outra, o dinheiro que gasta, e a imensa maioria dos consumidores é constituída precisamente por aquelas mesmas pessoas que trabalham como empregados nas empresas produtoras dos bens que consomem.

No capitalismo, os padrões salariais não são estipulados por pessoas diferentes das que ganham os salários: são essas *mesmas* pessoas que os manipulam. *Não* é a companhia cinematográfica de Hollywood que paga os salários de um astro das telas; quem os paga é o público que compra ingresso nas bilheterias dos cinemas. E *não* é o empresário de uma luta de boxe que cobre as enormes exigências de lutadores laureados, mas sim a plateia, que compra entradas para a luta. A partir da distinção entre empregado e empregador, traça-se, no plano da teoria econômica, uma distinção que não existe na vida real. Nesta, empregador e empregado são, em última análise, uma só e a mesma pessoa.

Em muitos países há quem considere injusto que um homem obrigado a sustentar uma família numerosa receba o mesmo salário que outro, responsável apenas pela própria manutenção. No entanto, o problema é não questionar se cabe ao empresário assumir a responsabilidade pelo tamanho da família de um trabalhador.

A pergunta que deve ser feita neste caso é: você, como indivíduo, se disporia a pagar *mais* por algo, digamos, um pão, se for informado de que o homem que o fabricou tem seis filhos? Uma pessoa honesta por certo responderia negativamente, dizendo: "Em princípio, sim. No entanto, na prática tenderia a comprar o pão feito por um homem sem filho algum". O fato é que o empregador a quem os compradores não pagam o suficiente para que ele pague seus empregados se vê na impossibilidade de levar adiante seus negócios.

O "capitalismo" foi assim batizado não por um simpatizante do sistema, mas por alguém que o tinha na conta do pior de todos os sistemas históricos, da mais grave calamidade que jamais se abatera sobre a humanidade. Esse homem foi Karl Marx (1818-1883). Não há razão, contudo, para rejeitar a designação proposta por Marx, uma vez que indica claramente a origem dos grandes progressos sociais ocasionados pelo capitalismo. Esses progressos são fruto da acumulação do capital; baseiam-se no fato de que as pessoas, comumente, não consomem tudo o que produzem e no fato de que poupam – e investem – parte desse montante.

Reina um grande equívoco em torno desse problema. Ao longo destas seis palestras, terei oportunidade de abordar os principais mal-entendidos em voga, relacionados com a acumulação do capital, com o uso do capital e com os benefícios universais auferidos a partir desse uso. Tratarei do capitalismo particularmente em minhas palestras dedicadas ao investimento estrangeiro e a esse problema extremamente crítico da política atual que é a inflação. Todos sabem, é claro, que a inflação não existe só neste país. Constitui hoje um problema em todas as partes do mundo.

4 – As poupanças dos capitalistas beneficiam os trabalhadores

O que muitas vezes não se compreende a respeito do capitalismo é o seguinte: poupança significa benefícios para todos os que desejam produzir ou receber salários. Quando alguém acumula certa quantidade de dinheiro – mil dólares, digamos – e confia esses dólares, em vez de gastá-los, a uma empresa de poupança ou a uma companhia de seguros, transfere esse dinheiro para um empresário, um homem de negócios, o que vai permitir que esse empresário possa expandir as atividades e investir num projeto, que na véspera ainda era inviável, por falta do capital necessário.

Que fará então o empresário com o capital recém-obtido? Certamente a primeira coisa que fará, o primeiro uso que dará a esse capital suplementar será a contratação de trabalhadores e a compra de matérias-primas – o que promoverá, por sua vez, o surgimento de uma demanda adicional de trabalhadores e matérias-primas, bem como uma tendência à elevação dos salários e dos preços dessas matérias-primas. Muito antes que o poupador ou o empresário tenham obtido algum lucro em tudo isso, o trabalhador desempregado, o produtor de matérias-primas, o agricultor e o assalariado já estarão participando dos benefícios das poupanças adicionais.

O que o empresário virá ou não a ganhar com o projeto depende das condições futuras do mercado e de seu talento para prevê-las corretamente. Mas os trabalhadores, assim como os produtores de matéria-prima, auferem as vantagens de imediato. Muito se falou, trinta ou quarenta anos atrás, sobre a "política salarial" – como a denominavam – de Henry Ford (1863-1947). Uma das maiores façanhas do sr. Ford consistia em pagar salários mais altos que os oferecidos pelas demais indústrias ou fábricas. Sua política salarial foi descrita como uma "invenção". Não se pode, no entanto, dizer que essa nova política "inventada" seja simplesmente um fruto da liberalidade do sr. Ford. Um novo ramo industrial – ou uma nova fábrica num ramo já existente – precisa atrair trabalhadores de *outros* empregos, de outras regiões do país e até de outros países. E não há outra maneira de fazê-lo senão por meio do pagamento de salários mais altos aos trabalhadores. Foi o que ocorreu nos primórdios do capitalismo, e é o que ocorre até hoje.

Na Grã-Bretanha, quando os fabricantes começaram a produzir artigos de algodão, eles passaram a pagar aos trabalhadores mais do que estes ganhavam antes. É verdade que grande porcentagem desses novos trabalhadores jamais ganhara coisa alguma antes. Estavam, então, dispostos a aceitar qualquer quantia que lhes fosse oferecida. Mas, pouco tempo depois, com a crescente acumulação do capital e a implantação de um número cada vez maior de novas empresas, os salários se elevaram, e como consequência houve aquele aumento sem precedentes da população inglesa, ao qual já me referi. A reiterada caracterização depreciativa do capitalismo como um sistema destinado a tornar os ricos mais ricos e os pobres mais pobres é equivocada do começo ao fim. A tese de Karl Marx concernente ao advento do capitalismo baseou-se no pressuposto de que os trabalhadores *estavam* ficando mais pobres, de que o povo *estava* ficando mais miserável, o que finalmente redundaria na concentração de toda a riqueza de um país em umas poucas mãos, ou mesmo nas de um homem só. Como consequência, as massas trabalhadoras empobrecidas se rebelariam e expropriariam os bens dos opulentos proprietários.

Segundo essa doutrina marxista, é impossível, no sistema capitalista, qualquer oportunidade, qualquer possibilidade de melhoria das condições dos trabalhadores. Em 1864, falando perante a International Workingmen's Association (IWA) [Associação Internacional dos Trabalhadores], na Inglaterra, Marx afirmou que a crença de que os sindicatos poderiam promover melhores condições para a população trabalhadora era "absolutamente errônea". Qualificou a política sindical voltada para a reivindicação de melhores salários e menor número de horas de trabalho de *conservadora* – era este, evidentemente, o termo mais desabonador a que Marx podia recorrer. Sugeriu que os sindicatos adotassem uma nova meta *revolucionária:* a "completa abolição do sistema de salários", e a substituição do sistema de propriedade privada pelo "socialismo" – a posse dos meios de produção pelo governo.

Se considerarmos a história do mundo – e em especial a história da Inglaterra a partir de 1865 –, verificaremos que Marx estava errado sob todos os aspectos. Não há um só país capitalista em que as condições do povo não tenham melhorado de maneira inédita. Todos esses progressos ocorridos nos últimos oitenta ou noventa anos produziram-se a *despeito* dos prognósticos de Marx: os socialistas de orientação marxista acreditavam que as condições dos trabalhadores jamais poderiam melhorar. Adotavam uma falsa teoria, a famosa "lei de ferro dos salários". Segundo esta lei, no capitalismo, os salários de um trabalhador não ex-

O Capitalismo

cederiam a soma que lhe fosse estritamente necessária para manter-se vivo a serviço da empresa.

Os marxistas enunciaram sua teoria da seguinte forma: se os padrões salariais dos trabalhadores sobem, com a elevação dos salários, a um nível superior ao necessário para a subsistência, eles terão mais filhos. Esses filhos, ao ingressarem na força de trabalho, engrossarão o número de trabalhadores até o ponto em que os padrões salariais cairão, rebaixando novamente os salários dos trabalhadores a um nível mínimo necessário para a subsistência – àquele nível mínimo de sustento, apenas suficiente para impedir a extinção da população trabalhadora.

No entanto, essa ideia de Marx, e de muitos outros socialistas, envolve um conceito de trabalhador idêntico ao adotado – justificadamente – pelos biólogos que estudam a vida dos animais. Dos camundongos, por exemplo.

Se colocarmos maior quantidade de alimento à disposição de organismos animais, ou de micróbios, maior número deles sobreviverá. Se a restringirmos, restringiremos o número dos sobreviventes. Mas com o homem é diferente. Mesmo o trabalhador – ainda que os marxistas não o admitam – tem carências humanas outras que as de alimento e de reprodução de sua espécie. Um aumento dos salários reais resulta não só num aumento da população; resulta também, e antes de tudo, numa *melhoria do padrão de vida média*. É por isso que temos hoje, na Europa Ocidental e nos Estados Unidos, um padrão de vida superior ao das nações em desenvolvimento, às da África, por exemplo.

Devemos compreender, contudo, que esse padrão de vida mais elevado se fundamenta na disponibilidade de capital. Isso explica a diferença entre as condições reinantes nos Estados Unidos e as que encontramos na Índia. Neste último país foram introduzidos – ao menos em certa medida – modernos métodos de combate a doenças contagiosas, cujo efeito foi um aumento inaudito da população. No entanto, como esse crescimento populacional não foi acompanhado de um aumento correspondente do montante de capital investido no país, o resultado foi um agravamento da miséria. *Quanto mais se eleva o capital investido por indivíduo, mais próspero se torna o país.*

Espero que em minhas próximas palestras tenha a oportunidade de lidar de modo mais detalhado com estes problemas e seja capaz de esclarecê-los, porque alguns termos – como, por exemplo, "o capital investido *per capita*" – necessitam uma explicação mais detalhada.

É preciso lembrar, contudo, que nas políticas econômicas não ocorrem milagres. Todos leram artigos de jornal e discursos sobre o chamado milagre econômico alemão – a recuperação da Alemanha depois de sua derrota e destruição na Segunda Guerra Mundial. Mas não houve milagre. Houve tão somente a aplicação dos *princípios da economia do livre mercado*, dos métodos do capitalismo, embora essa aplicação não tenha sido completa em todos os pontos. Todo país pode experimentar o mesmo "milagre" de recuperação econômica, embora deva insistir em que esta *não* é fruto de milagre: é fruto da adoção de políticas econômicas sólidas, pois que é delas que resulta.

SEGUNDA LIÇÃO

O Socialismo

Estou em Buenos Aires a convite do Centro de Difusión de la Economía Libre. Que vem a ser *economia livre?* Que significa esse sistema de liberdade econômica? A resposta é simples: é a economia de mercado, é o sistema em que a cooperação dos indivíduos na divisão social do trabalho se realiza pelo mercado. E esse mercado não é um lugar: é um *processo,* é a maneira pela qual, ao vender e comprar, ao produzir e consumir, as pessoas estão contribuindo para o funcionamento global da sociedade.

Quando falamos desse sistema de organização econômica – a economia de mercado – empregamos a expressão "liberdade econômica". Frequentemente as pessoas se equivocam quanto ao seu significado, supondo que liberdade econômica seja algo inteiramente dissociado de outras liberdades, e que estas outras liberdades – que reputam mais importantes – possam ser preservadas mesmo na ausência de liberdade econômica. Mas liberdade econômica significa, na verdade, que é dado às pessoas que a possuem o poder de *escolher* o próprio modo de se integrar ao conjunto da sociedade. A pessoa tem o direito de escolher sua carreira, tem liberdade para fazer o que *quer*.

É óbvio que não compreendemos liberdade no sentido que hoje tantos atribuem à palavra. O que queremos dizer é antes que, por intermédio da liberdade econômica, o homem é libertado das condições naturais. Nada há na natureza que possa ser chamado de liberdade; há apenas a regularidade das leis naturais, a que o homem é obrigado a obedecer para alcançar qualquer coisa.

1 – Liberdade na sociedade

Quando se trata de seres humanos, atribuímos à palavra liberdade o significado exclusivo de liberdade *na sociedade*. Não obstante, muitos consideram que as liberdades sociais são independentes umas das outras. Os que hoje se intitulam "liberais" têm reivindicado programas que são exatamente o oposto das políticas que os liberais do século XIX defendiam em seus programas liberais. Os pretensos liberais de nossos dias sustentam a ideia muito difundida de que as liberdades de expressão, de pensamento, de imprensa, de culto e contra de encarceramento sem julgamento podem, todas elas, ser preservadas mesmo na ausência do que se conhece como liberdade econômica. Não se dão conta de que, num sistema desprovido de mercado, em que o governo determina tudo, todas essas outras liberdades são ilusórias, ainda que postas em forma de lei e inscritas na constituição.

O Socialismo

Tomemos como exemplo a liberdade de imprensa. Se for dono de todas as máquinas impressoras, o governo determinará o que deve e o que não deve ser impresso. Nesse caso, a possibilidade de publicar qualquer tipo de crítica às ideias oficiais torna-se praticamente nula. A liberdade de imprensa desaparece. E o mesmo se aplica a todas as demais liberdades.

Quando há economia de mercado, o indivíduo tem a liberdade de escolher qualquer carreira que deseje seguir, de escolher seu próprio modo de inserção na sociedade. Num sistema socialista é diferente: as carreiras são decididas por decreto do governo. Este pode ordenar às pessoas que não lhe sejam gratas, àquelas cujas presenças não lhe pareçam conveniente em determinadas regiões que se mudem para outras regiões e outros lugares. E sempre há como justificar e explicar semelhante procedimento: declara-se que o plano governamental exige a presença desse eminente cidadão a cinco mil milhas de distância do local onde ele poderia ser incômodo aos detentores do poder.

É verdade que a liberdade possível numa economia de mercado não é uma liberdade perfeita no sentido metafísico. Mas a liberdade perfeita não existe. É só no âmbito da sociedade que a liberdade tem algum significado. Os pensadores que desenvolveram, no século XVIII, a ideia de "direito natural" – sobretudo Jean-Jacques Rousseau (1712-1778) acreditavam que um dia, num passado remoto, os homens haviam desfrutado de algo chamado liberdade "natural". Mas nesses tempos remotos os homens não eram livres –

estavam à mercê de todos os que fossem mais fortes que eles mesmos. As famosas palavras de Rousseau: *"O homem nasce livre, e por toda parte encontra-se a ferros"*, talvez soem bem, mas na verdade o homem *não* nasce livre. Nasce como uma frágil criança. Sem a proteção dos pais, sem a proteção proporcionada a esses pais pela sociedade, não poderia sobreviver.

Liberdade na sociedade significa que um homem depende tanto dos demais como estes dependem dele. A sociedade, quando regida pela economia de mercado, pelas condições da *economia livre*, apresenta uma situação em que todos prestam serviços aos seus concidadãos e são, em contrapartida, por eles servidos. Acredita-se que existem na economia de mercado chefões que não dependem da boa vontade e do apoio dos demais cidadãos. Os capitães de indústria, os homens de negócios, os empresários, seriam os verdadeiros chefões do sistema econômico. Mas isso é uma ilusão. Quem manda no sistema econômico são os consumidores. Se estes deixam de prestigiar um ramo de atividades, os empresários deste ramo são compelidos ou a abandonar sua eminente posição no sistema econômico, ou a ajustar suas ações aos desejos e às ordens dos consumidores.

Uma das mais notórias divulgadoras do comunismo foi Beatrice Potter (1858-1943), nome de solteira de Beatrice Webb, a Baronesa Passfield – também muito conhecida por conta de seu marido, o socialista fabiano Sidney Webb (1859-1947), o 1º Barão Passfield. Esta senhora, filha de um rico empresário, trabalhou quando jovem como secretária do pai. Em suas memórias, ela escreve: *"Nos negócios de meu pai, todos tinham de obedecer às ordens dadas por ele, o chefe. Só a ele competia dar ordens, e a ele ninguém dava ordem alguma"*. Esta é uma visão muito acanhada. Seu pai *recebia* ordens: dos consumidores, dos compradores. Lamentavelmente, ela não percebida essas ordens; não percebia o que ocorre numa economia de mercado, exclusivamente voltada que estava para as ordens expedidas dentro dos escritórios ou da fábrica do pai.

Diante de todos os problemas econômicos, devemos ter em mente as palavras que o grande economista francês Frédéric Bastiat (1801-1850) usou como título de um de seus brilhantes ensaios: *"Ce quon voit et ce qu'on ne voit pas"* ["O que se vê e o que não se vê"]. Para compreender como funciona um sistema econômico, temos de levar em conta não só o que pode ser visto, mas também o que não pode ser diretamente percebido. Por exemplo, uma ordem dada por um chefe a um contínuo pode ser ouvida por aqueles que estejam na mesma sala. O que não se pode ouvir são as ordens dadas ao chefe por seus clientes.

2 – Os consumidores são os patrões

O fato é que, no sistema capitalista, os chefes, em última instância, são os consumidores. Não é o Estado, é o povo que é soberano. Prova disto é o fato de que lhe assiste o *direito de ser tolo*. Este é o privilégio do soberano. Assiste-lhe o direito de cometer erros: ninguém o pode impedir de cometê-los, embora, obviamente, deva pagar por eles. Quando afirmamos que o consumidor é supremo ou soberano, não estamos afirmando que está livre de erros, que sempre sabe o que melhor lhe conviria. Muitas vezes os consumidores compram ou consomem artigos que não deviam comprar ou consumir.

Mas a ideia de que uma forma capitalista de governo pode impedir, por meio de um controle sobre o que as pessoas consomem, que elas se prejudiquem, é falsa. A visão do governo como uma autoridade paternal, um guardião de todos, é própria dos adeptos do socialismo.

Nos Estados Unidos, o governo empreendeu certa feita, há alguns anos, uma experiência que foi qualificada de "nobre". Essa "nobre experiência" consistiu numa lei que declarava ilegal o consumo de bebidas tóxicas. Não há dúvida de que muita gente se prejudica ao beber conhaque e *whisky* em excesso. Algumas autoridades nos Estados Unidos são contrárias até mesmo ao fumo. Certamente há muitas pessoas que fumam demais, não obstante o fato de que não fumar seria melhor para elas. Isso suscita um problema que transcende em muito a discussão econômica: põe a nu o verdadeiro significado da liberdade.

Se admitirmos que é bom impedir que as pessoas se prejudiquem bebendo ou fumando em excesso, haverá quem pergunte: "Será que o corpo é tudo? Não seria a mente do homem muito mais importante? Não seria a mente do homem o verdadeiro dom, o verdadeiro predicado humano?" Se dermos ao governo o direito de

O Socialismo

determinar o que o corpo humano deve consumir, de determinar se alguém deve ou não fumar, deve ou não beber, nada poderemos replicar a quem afirme: "Mais importante ainda que o corpo é a mente, é a alma, e o homem se prejudica muito mais ao ler maus livros, ouvir música ruim e assistir a maus filmes. É, pois, dever do governo impedir que se cometam esses erros".

E, como todos sabem, por centenas de anos os governos e as autoridades acreditaram que esse *era* de fato o seu dever. Nem isso aconteceu apenas em épocas remotas. Não faz muito tempo, houve na Alemanha um governo que considerava seu dever discriminar as boas e as más pinturas – boas e más, é claro, do ponto de vista de um homem que, na juventude, fora reprovado no exame de admissão à Academia de Arte, em Viena: era o bom e o mau segundo a ótica de um pintor de cartão-postal. E tornou-se ilegal expressar concepções sobre arte e pintura que divergissem daquelas do *Führer* supremo.

A partir do momento em que começamos a admitir que é dever do governo controlar o consumo de álcool do cidadão, que podemos responder a quem afirme ser o controle dos livros e das ideias muito mais importante?

Liberdade significa realmente *liberdade para errar.* Isso precisa ser bem compreendido. Podemos ser extremamente críticos com relação ao modo como nossos concidadãos gastam seu dinheiro e vivem sua vida. Podemos considerar o que fazem absolutamente insensato e mau. Numa sociedade livre, todos têm, no entanto, as mais diversas maneiras de manifestar suas opiniões sobre como seus concidadãos deveriam mudar seu modo de vida: podem escrever livros; escrever artigos; fazer conferências. Podem até fazer pregações nas esquinas, se quiserem – e faz-se isso, em muitos países. Mas *ninguém* deve tentar policiar os outros no intuito de impedi-los de fazer determinadas coisas simplesmente porque não se quer que as pessoas tenham a liberdade de fazê-las.

3 – Sociedade de *status*

É essa a diferença entre escravidão e liberdade. O escravo é obrigado a fazer o que seu superior lhe ordena que faça, enquanto o cidadão livre – e é isso que significa liberdade – tem a possibilidade de escolher o próprio modo de vida. Sem dúvida esse sistema capitalista pode ser – e é de fato – mal utilizado por alguns. É certamente possível fazer coisas que não deveriam ser feitas. Entretanto, se tais coisas contam com a aprovação da maioria do povo, uma voz discordante terá sempre algum meio de tentar mudar as ideias dos concidadãos. Pode tentar persuadi-los, convencê-los, mas não pode tentar constrangê-los pela força, pela força policial do governo.

Na economia de mercado, todos prestam serviços aos seus concidadãos ao prestarem serviços a si mesmos. Era isso o que tinham em mente os pensadores liberais do século XVIII, quando falavam da harmonia dos interesses – corretamente compreendidos – de todos os grupos e indivíduos que constituem a popu-

O Socialismo

lação. E foi a essa doutrina da harmonia de interesses que os socialistas se opuseram. Falaram de um "conflito inconciliável de interesses" entre vários grupos.

Que significa isso? Quando Karl Marx – no primeiro capítulo do *Manifesto do Partido Comunista*, o pequeno panfleto que inaugurou seu movimento socialista – sustentou a existência de um conflito inconciliável entre as classes, só pode evocar, como ilustração à sua tese, exemplos tomados das condições da sociedade pré-capitalista. Nos estágios pré-capitalistas, a sociedade se dividia em grupos hereditários de *status*, na Índia denominados "castas". Numa sociedade de *status*, um homem não nascia, por exemplo, cidadão francês; nascia na condição de membro da aristocracia francesa, ou da burguesia francesa, ou do campesinato francês. Durante a maior parte da Idade Média, era simplesmente um servo. E a servidão, na França, ainda não havia sido inteiramente extinta mesmo depois da Revolução Norte-Americana.

Em outras regiões da Europa, a extinção ocorreu ainda depois. Mas a pior forma de servidão – forma que continuou existindo mesmo depois da abolição da escravatura – era a que tinha lugar nas colônias inglesas. O indivíduo herdava seu *status* dos pais e o conservava por toda a vida. Transferia-o aos filhos. Cada grupo tinha privilégios e desvantagens. Os de *status* mais elevado tinham apenas privilégios, os de *status* inferior, só desvantagens. E não restava ao homem nenhum outro meio de escapar às desvantagens legais impostas por seu *status* senão a luta política contra as outras classes. Nessas condições, pode-se dizer que havia "um conflito inconciliável de interesses entre senhores de escravos e escravos", porque o interesse dos escravos era livrar-se da escravidão, da qualidade de escravos. E sua liberdade significava, para os proprietários, uma perda. Assim sendo, não há dúvida de que tinha de existir forçosamente um conflito inconciliável de interesses entre os membros das várias classes.

Não devemos esquecer que nesses períodos – em que as sociedades de *status* predominaram na Europa, bem como nas colônias que os europeus fundaram posteriormente na América – as pessoas não se consideravam ligadas de nenhuma forma especial às demais classes de sua própria nação; sentiam-se muito mais solidárias com os membros de suas classes nos outros países. Um aristocrata francês não tinha os franceses das classes inferiores na conta de seus concidadãos: a seus olhos, eles não eram mais que a ralé, que não lhes agradava. Seus iguais eram os aristocratas dos demais países – os da Itália, Inglaterra e Alemanha, por exemplo.

O efeito mais visível desse estado de coisas era o fato de os aristocratas de toda a Europa falarem a mesma língua, o francês, idioma não compreendido, fora da França, pelos demais grupos da população. As classes médias – a burguesia – tinham a própria língua, enquanto as classes baixas – o campesinato – usavam dialetos locais, muitas vezes não compreendidos por outros grupos da população. O mesmo se passava com relação aos trajes. Quem viajasse de um país para

O Socialismo

outro em 1750 constataria que as classes mais eleva-
das, os aristocratas, se vestiam em geral de maneira
idêntica em toda a Europa; e que as classes baixas
usavam roupas diferentes. Vendo alguém na rua, era
possível perceber de imediato – pelo modo como se
vestia – a sua classe, o seu *status*.

É difícil avaliar o quanto essa situação era diversa
da atual. Se venho dos Estados Unidos para a Argentina e vejo um homem na rua, não posso dizer qual é
seu *status*. Concluo apenas que é um cidadão argenti-
no, não pertencente a nenhum grupo sujeito a restrições legais. Isto é algo que o capitalismo nos trouxe.
Sem dúvida há também diferenças entre as pessoas no
capitalismo. Há diferenças em relação à riqueza; diferenças estas que os marxistas, equivocadamente, consideram equivalentes àquelas antigas que separavam
os homens na sociedade de *status*.

4 – Mobilidade social

Numa sociedade capitalista, as diferenças entre os
cidadãos não são como as que se verificam numa sociedade de *status*. Na Idade Média – e mesmo bem
depois, em muitos países – uma família podia ser aristocrata e possuidora de grande fortuna, podia ser uma
família de duques, ao longo de séculos e séculos, fossem quais fossem suas qualidades, talentos, caráter ou
moralidade. Já nas modernas condições capitalistas,
verifica-se o que foi tecnicamente denominado pelos
sociólogos de "mobilidade social". O princípio segundo o qual a mobilidade social opera, nas palavras do

sociólogo e economista italiano Vilfredo Pareto (1848-1923), é o da *"circulation des élites"* ("circulação das elites"). Isso significa que haverá sempre no topo da escada social pessoas ricas, politicamente importantes, mas essas pessoas – essas elites – estão em contínua mudança.

Isso se aplica perfeitamente a uma sociedade capitalista. *Não* se aplicaria a uma sociedade pré-capitalista de *status*. As famílias consideradas as grandes famílias aristocráticas da Europa permanecem as mesmas até hoje, ou melhor, são formadas hoje pelos descendentes de famílias que constituíam a nata na Europa, há oito, dez ou mais séculos. Os Capetos de Bourbon – que por um longo período dominaram a Argentina – já eram uma casa real desde o século X. Reinavam sobre o território hoje chamado Île-de-France, ampliando seu reino a cada geração. Mas numa sociedade capitalista há uma contínua mobilidade – pobres que enriquecem e descendentes de gente rica que perdem a fortuna e se tornam pobres.

Vi hoje, numa livraria de uma rua do centro de Buenos Aires, a biografia de um homem que viveu na Europa do século XIX, e que foi tão eminente, tão importante, tão representativo dos altos negócios europeus naquela época, que até hoje, aqui neste país tão distante da Europa, encontram-se à venda exemplares da história de sua vida. Tive a oportunidade de conhecer o neto desse homem. Tem o mesmo nome do avô e conserva o direito de usar o título nobiliário que este – que começou a vida como ferreiro – recebeu oitenta anos atrás. Hoje esse seu neto é um fotógrafo pobre na cidade de Nova York.

Outras pessoas, pobres à época em que o avô desse fotógrafo se tornou um dos maiores industriais da Europa, são hoje capitães de indústria. Todos são livres para mudar seu *status*, é isso que distingue o sistema de *status* do sistema capitalista de liberdade econômica, em que as pessoas só podem culpar a si mesmas se não chegam a alcançar a posição que almejam.

O mais famoso industrial do século XX continua sendo Henry Ford. Ele começou com umas poucas centenas de dólares emprestados por amigos e, em muito pouco tempo, implantou um dos mais importantes empreendimentos de grande vulto do mundo. E podemos encontrar centenas de casos semelhantes todos os dias.

Diariamente o *New York Times* publica longas notas sobre pessoas que faleceram. Lendo essas biografias, podemos deparar, por exemplo, com o nome de um eminente empresário que tenha iniciado a vida como vendedor de jornais nas esquinas de Nova York. Ou com outro que tenha iniciado como *office boy* e, por ocasião de sua morte, era o presidente da mesma instituição bancária onde começara no mais baixo degrau da hierarquia. Evidentemente, nem todos conseguem alcançar tais posições. Nem todos *querem* alcançá-las. Há pessoas mais interessadas em outras coisas: para elas, no entanto, há hoje certos caminhos que não estavam abertos nos tempos da sociedade feudal, na época da sociedade de *status*.

5 – Planejamento governamental

O sistema socialista, contudo, *proíbe* essa liberdade fundamental que é a escolha da própria carreira. Nas condições socialistas há uma única autoridade econômica, e esta detém o poder de determinar todas as questões atinentes à produção.

Um dos traços característicos de nossos dias é o uso de muitos nomes para designar uma mesma coisa. Um sinônimo de socialismo e comunismo é "planejamento". Quando falam de "planejamento", as pessoas se referem, evidentemente, a um planejamento *central*, o que significa *um plano único, feito pelo governo* – um plano que impede todo planejamento feito por outra pessoa.

Uma senhora inglesa – Barbara Wootton (1897-1988), baronesa Wootton de Abinger, que é também membro da Câmara dos Lordes – escreveu um livro intitulado *Plan or no Plan* [*Plano ou Nenhum Plano*], obra muito bem recebida no mundo inteiro. Que significa o título desse livro? Ao falar de "plano" a autora se refere unicamente ao tipo de planejamento concebido por Vladimir Lenin (1870-1924), Josef Stalin (1878-1953) e seus sucessores, o tipo que determina todas as atividades de todo o povo de uma nação. Por conseguinte, essa senhora só leva em conta o planejamento central, que exclui todos os planos pessoais que os indivíduos possam ter. Assim sendo, seu título, *Plan or no Plan*, revela-se um logro, uma burla: a alternativa não está em plano central *versus* nenhum plano. Na verdade, a escolha está entre o *planejamento total* feito por uma autoridade governamental central e a *liberdade* de cada indivíduo para traçar os próprios planos, fazer o próprio planejamento. O indivíduo planeja sua vida todos os dias, alterando seus planos diários sempre que queira.

O homem livre planeja diariamente, segundo suas necessidades. Dizia, ontem, por exemplo: "Planejo trabalhar pelo resto dos meus dias em Córdoba". Agora, informado de que as condições em Buenos Aires estão melhores, muda seus planos e diz: "Em vez de trabalhar em Córdoba, quero ir para Buenos Aires". É isso que significa liberdade. Pode ser que ele esteja enganado, pode ser que essa ida para Buenos Aires se revele um erro. Talvez as condições lhe tivessem sido mais propicias em Córdoba, mas foi o autor dos próprios planos.

Submetido ao planejamento governamental, o homem é como um soldado num exército. Não cabe a um soldado o direito de escolher sua guarnição, a praça onde servirá. Cabe-lhe cumprir ordens. E o sistema socialista – como o sabiam e admitiam Karl Marx, Vladmir Lenin e todos os líderes socialistas – consiste na aplicação do regime militar a todo o sistema de produção. Marx falou de *"exércitos industriais"* e Lênin impôs *"a organização de tudo"* – o correio, as manufaturas e os demais ramos industriais – segundo o modelo do exército.

Portanto, no sistema socialista, tudo depende da sabedoria, dos talentos e dos dons daqueles que constituem a autoridade suprema. O que o ditador supremo – ou seu comitê – *não* sabe, não é levado em conta. O conhecimento acumulado pela humanidade em sua longa história, todavia, não é algo que uma só pessoa possa deter. Acumulamos, ao longo dos séculos, um volume tão incomensurável de conhecimentos científicos e tecnológicos, que se torna humanamente impossível a um indivíduo o domínio de todo esse cabedal, por extremamente bem-dotado que seja.

Acresce que os homens são diferentes, desiguais. E sempre o serão. Alguns são mais dotados em determinado aspecto, menos em outro. E há os que têm o dom de descobrir novos caminhos, de mudar os rumos do conhecimento. Nas sociedades capitalistas, o progresso tecnológico e econômico é promovido por esses homens. Quando alguém tem uma ideia, procura encontrar algumas outras pessoas argutas o suficiente para perceberem o valor de seu achado. Alguns capitalistas que ousam perscrutar o futuro, que se dão conta das possíveis consequências dessa ideia, começarão a pô-la em prática. Outros, a princípio, poderão dizer: "são uns loucos", mas deixarão de dizê-lo quando constatarem que o empreendimento que qualificavam de absurdo ou loucura está florescendo, e que toda gente está feliz por comprar seus produtos.

No sistema marxista, por outro lado, o corpo governamental supremo deve primeiro ser convencido do valor de uma ideia antes que ela possa ser levada adiante. Isso pode ser algo muito difícil, uma vez que o grupo detentor do comando – ou o ditador supremo em pessoa – tem o poder de decidir. E se essas pes-

O Socialismo

soas – por razões de indolência, senilidade, falta de inteligência ou de instrução – forem incapazes de compreender o significado da nova ideia, o novo projeto não será executado.

Podemos evocar exemplos da história militar. Napoleão Bonaparte (1769-1821) era indubitavelmente um gênio em questões militares; não obstante, viu-se certa feita diante de um grave problema. A incapacidade para resolvê-lo culminou na sua derrota e no subsequente exílio na solidão de Santa Helena. O problema de Napoleão podia-se resumir a uma pergunta: "Como conquistar a Inglaterra?" Para fazê-lo, precisava de uma esquadra capaz de cruzar o Canal da Mancha. Houve, então, pessoas que lhe garantiram conhecer um meio seguro de levar a cabo aquela travessia; estas pessoas, numa época de embarcações a vela, traziam a nova ideia de barcos movidos a vapor. Mas Napoleão não compreendeu a proposta.

Depois, houve o famoso *Generalstab* da Alemanha. Antes da Primeira Guerra Mundial, o Estado-maior alemão era universalmente considerado insuperável em ciência militar. Reputação análoga tinha o Estado-maior do general Ferdinand Foch (1851-1929), na França. Mas nem os alemães nem os franceses – que, sob o comando do general Foch, derrotaram posteriormente os alemães – perceberam a importância da aviação para fins militares. O Estado-maior alemão declarava: "A aviação é um mero divertimento; voar é bom para os desocupados. Do ponto de vista militar, só zepelins têm importância". E os franceses eram da mesma opinião.

Depois, no intervalo entre as duas Guerras Mundiais, nos Estados Unidos, um general, Billy Mitchell (1879-1936), se convenceu de que a aviação seria de extrema importância na guerra que se aproximava. Entretanto, todos os peritos do país pensavam o contrário. Ele não conseguiu convencê-los. Sempre que tentamos convencer um grupo de pessoas que não depende diretamente da solução de um problema, o fracasso é certo. Isso se aplica também aos problemas não econômicos.

Muitos pintores, poetas, escritores e compositores já se queixaram de que o público não reconhecia sua obra, o que os obrigava a permanecerem na pobreza. Não há dúvida de que o público pode ter julgado mal; mas, quando promulgam que "o governo deve subsidiar os grandes artistas, pintores e escritores", esses artistas estão completamente errados. A quem deveria o governo confiar a tarefa de decidir se determinado estreante é ou não, de fato, um grande pintor? Teria de se valer da apreciação dos críticos e dos professores de história da arte, que, sempre voltados para o passado, até hoje deram raras mostras de talento no que tange à descoberta de novos gênios. Essa é a grande diferença entre um sistema de "planejamento" e um sistema em que é dado a cada um planejar e agir por conta própria.

É verdade, obviamente, que grandes pintores e grandes escritores suportaram, muitas vezes, situações de extrema penúria. Podem ter tido êxito em sua arte, mas nem sempre em ganhar dinheiro. Vincent van Gogh (1853-1890) foi por certo um grande pintor. Teve de sofrer agruras insuportáveis e acabou por se suicidar, aos 37 anos de idade. Em toda a sua existência, vendeu apenas *uma tela,* comprada por um primo. Afora essa única venda, viveu do dinheiro do irmão, que, apesar de não ser artista nem pintor, compreendia as necessidades de um pintor. Hoje, não se compra um Van Gogh por menos de cem ou duzentos mil dólares.

No sistema socialista, o destino de Van Gogh poderia ter sido diverso. Algum funcionário do governo teria perguntado a alguns pintores famosos (a quem Van Gogh seguramente nem sequer teria considerado artistas) se aquele jovem, um tanto louco, ou completamente louco, era de fato um pintor que valesse a pena subsidiar. E com toda certeza teriam respondido: "Não, não é um pintor; não é um artista; não passa de uma criatura que desperdiça tinta", e o teriam enviado a trabalhar numa indústria de laticínios, ou para um hospício. Todo esse entusiasmo pelo socialismo manifestado pelas novas gerações de pintores, poetas, músicos, jornalistas, atores, baseia-se, portanto, numa *ilusão.* Refiro-me a isso porque esses grupos estão entre os mais fanáticos defensores da concepção socialista.

6 – Cálculo econômico

Quando se trata de escolher entre o socialismo e o capitalismo como sistema econômico, o problema é um tanto diferente.

Os teóricos do socialismo jamais suspeitaram que a indústria moderna – juntamente com todos os processos do moderno mundo dos negócios – se basearia no cálculo. Os engenheiros não são, de maneira alguma, os únicos a planejarem com base em cálculos; também os empresários são obrigados a fazê-lo. E os cálculos do homem de negócios se baseiam no fato de que, na economia de mercado, os preços em dinheiro dos bens não só informam o consumidor, como fornecem ao negociante informações de importância vital sobre os fatores de produção, porquanto o mercado tem por função primordial determinar não só o custo da *última* parte do processo de produção, mas também o dos passos intermediários. O sistema de mercado é indissociável do fato de que há uma divisão mentalmente calculada do trabalho entre os vários empresários que disputam entre si os fatores de produção – as matérias-primas, as máquinas, os instrumentos – e o fator humano de produção, ou seja, os salários pagos à mão de obra. Esse tipo de cálculo que o empresário realiza não pode ser feito se ele não tem os preços fornecidos pelo mercado.

No instante mesmo em que se abolir o mercado – e é o que os socialistas gostariam de fazer – ficariam inutilizados todos os cômputos e cálculos feitos pelos engenheiros e tecnólogos. Os tecnólogos podem continuar fornecendo grande número de projetos que, do ponto de vista das ciências naturais, podem ser todos igualmente exequíveis, mas são os *cálculos* baseados no mercado – realizados pelo homem de negócios – que são indispensáveis para se determinar qual desses projetos é o mais vantajoso do ponto de vista econômico.

O problema de que estou tratando é a questão fundamental do cálculo econômico capitalista em contraposição ao que se passa no socialismo. O fato é que o cálculo econômico – e, por conseguinte, todo planejamento tecnológico – só é possível quando existem preços em dinheiro, não só para bens de consumo, como para os fatores de produção. Isso significa que é preciso haver um mercado para todas as matérias-primas, todos os artigos semiacabados, todos os instrumentos e máquinas, e todos os tipos de trabalho e de serviço humanos.

Quando se descobriu esse fato, os socialistas não souberam reagir adequadamente. Por 150 anos tinham afirmado: "Todos os males do mundo advêm da existência de mercados e de preços de mercado. Queremos abolir o mercado e, com ele, é claro, a economia de mercado, substituindo-a por um sistema sem preços e sem mercados". Queriam abolir o que Karl Marx chamou de *caráter de mercadoria* dos produtos e do trabalho.

Confrontados com esse novo problema, os teóricos do socialismo, sem resposta, acabaram por concluir: "não aboliremos o mercado por completo; faremos de conta que existe um mercado, como as crianças, quando brincam de escolinha". A questão é que, todos sabem, as crianças quando *brincam* de escolinha não aprendem coisa alguma. É só uma brincadeira, uma simulação, e se pode "simular" muitas coisas.

Esse é um problema muito difícil e complexo, e para analisá-lo em toda a amplitude seria necessário um pouco mais de tempo do que o que tenho aqui. Explanei-o em detalhes em meus escritos. Em seis palestras, não posso empreender uma análise de todos os aspectos. Assim sendo, quero sugerir-lhes, caso estejam interessados no problema básico de impossibilidade do cálculo e do planejamento no socialismo, a leitura de meu livro *Human Action: A Treatise on Economics* [*Ação Humana: Um Tratado sobre Economia*], encontrável em espanhol numa excelente tradução.

Mas leiam também outros livros, como o do economista norueguês Trygue Hoff (1895-1982), que escreveu sobre o cálculo econômico. E, se não quiserem ser unilaterais, recomendo a leitura do livro socialista mais respeitado sobre o assunto, da autoria do eminente economista polonês Oskar Lange (1904-1965), que foi por algum tempo professor numa universidade americana, tornou-se depois embaixador da Polônia, voltando, posteriormente, para o seu país.

7 – O experimento soviético

Provavelmente me perguntarão: "E a Rússia? Como enfrentam os russos esse problema?" Nesse caso, a questão muda de figura. Os russos gerem seu sistema socialista no âmbito de um mundo em que existem preços para todos os fatores de produção, para todas as matérias-primas, para tudo. Por conseguinte, podem utilizar, em seu planejamento, os preços do mercado mundial. E, visto que há certas diferenças entre as condições reinantes na Rússia e as reinantes nos Estados Unidos, frequentemente o resultado é que, para os russos, parece justificável e aconselhável – de seu ponto de vista econômico – algo que, para os americanos, absolutamente não se justificaria economicamente.

A experiência soviética – ou "experimento", como foi chamada – não prova coisa alguma. Nada revela sobre o problema fundamental do socialismo, o problema do cálculo. Mas teríamos razões para caracterizá-la como "experimento"? Não creio que, no campo da ação humana e da economia, possamos ter algo que se assemelhe a um experimento científico. Não se podem fazer experimentos de laboratório no campo da ação humana, porque um experimento científico requer a réplica de um mesmo procedimento sob diversas condições, ou a manutenção das mesmas condições acompanhada da alteração de talvez um único fator. Por exemplo, se injetarmos num animal canceroso um medicamento experimental, o resultado pode ser o desaparecimento do câncer. Poderemos testar isso com vários animais da mesma raça, portadores da mesma doença. Se tratarmos parte deles com o novo método e não tratarmos outros, poderemos comparar os resultados. Ora, nada disso é viável no campo da ação humana. Não há experimentos de laboratório nesse plano.

O chamado experimento soviético mostra tão somente que o padrão de vida na Rússia Soviética é incomparavelmente inferior ao padrão alcançado pelo país mundialmente reputado o paradigma do capitalismo: os Estados Unidos.

Se dissermos isto a um socialista, certamente contestará: "As coisas na Rússia estão correndo maravilhosamente bem". E responderemos: "Podem estar maravilhosas, mas o padrão de vida é, em média, muito baixo". Então, retrucará: "Sim, mas lembre o quanto os russos sofreram com os czares, e a terrível guerra que tivemos de enfrentar".

Não quero discutir se essa é ou não uma explicação correta, mas quando se nega que as condições tenham sido as mesmas, nega-se ao mesmo tempo que tenha havido um experimento. O que se deveria afirmar – e seria muito mais correto – é: "O socialismo na Rússia não ocasionou, em média, uma melhoria das condições do homem comparável à melhoria de condições verificada, no mesmo período, nos Estados Unidos".

Nos Estados Unidos, quase toda semana tem-se notícia de um novo invento, de um aperfeiçoamento. Muitos aperfeiçoamentos foram gerados no mundo empresarial, porque milhares e milhares de industriais estão empenhados, noite e dia, em descobrir algum novo produto que satisfaça o consumidor, ou seja de produção menos dispendiosa, ou seja melhor *e* menos oneroso que os produtos já existentes. Não é o altruísmo que os move; é seu desejo de ganhar dinheiro. E o efeito foi que o padrão de vida se elevou, nos Estados Unidos, a níveis quase miraculosos quando confrontados às condições reinantes há cinquenta ou cem anos atrás. Mas na Rússia Soviética, onde esse sistema não vigora, não se verifica um desenvolvimento comparável. Assim, os que nos recomendam a adoção do sistema soviético estão inteiramente equivocados.

Há mais uma coisa a ser mencionada. O consumidor americano, o indivíduo, é tanto um comprador como um patrão. Ao sair de uma loja nos Estados Unidos, é comum vermos um cartaz com os seguintes dizeres: "Gratos pela preferência. Volte sempre". Mas ao entrarmos numa loja de um país totalitário – seja a Rússia de hoje, seja a Alemanha de Adolf Hitler (1889-1945) –, o gerente nos dirá: "Agradeça ao grande líder, que lhe está proporcionando isso".

Nos países socialistas, ao invés de ser o vendedor, é o comprador que deve ficar agradecido. Não é o cidadão quem manda; quem manda é o Comitê Central, o Gabinete Central. Estes comitês, os líderes, os ditadores, são supremos; ao povo cabe simplesmente obedecer-lhes.

Terceira Lição

O Intervencionismo

Diz uma frase famosa, muito citada: *"O melhor governo é o que menos governa"*. Esta não me parece uma caracterização adequada das funções de um bom governo. Compete a ele fazer todas as coisas para as quais necessário e para as quais foi instituído. Tem o dever de proteger as pessoas dentro do país contra as investidas violentas e fraudulentas de bandidos, bem como de defender o país contra inimigos externos. São essas as funções do governo num sistema livre, no sistema da economia de mercado.

No socialismo, obviamente, o governo é totalitário, nada escapando à sua esfera e sua jurisdição. Mas na economia de mercado, a principal incumbência do governo é proteger o funcionamento harmônico dessa economia contra a fraude ou a violência originadas dentro ou fora do país.

Os que discordam dessa definição das funções do governo poderão dizer: "Este homem abomina o governo". Nada poderia estar mais longe da verdade. Se digo que a gasolina é um líquido de grande serventia, útil para muitos propósitos, mas que, apesar disso, não a beberia, por não me parecer esse o uso próprio para o produto, não me converto por isso num inimigo da gasolina, nem se poderia dizer que odeio a gasolina. Digo apenas que ela é muito útil para determinados fins, mas inadequada para outros. Se digo que é dever do governo prender assassinos e demais criminosos, mas que não é seu dever abrir estradas ou gastar dinheiro em inutilidades, não quer dizer que odeie o governo apenas por afirmar que ele está qualificado para fazer determinadas coisas, mas não o está para outras.

Já se disse que, nas condições atuais, não temos mais uma economia de mercado livre. O que temos nas condições presentes é algo a que se dá o nome de "economia mista". E como provas da efetividade dessa nossa "economia mista", apontam-se as muitas empresas de que o governo é proprietário e gestor. A economia é mista, diz-se, porque, em muitos países, determinadas instituições – como as companhias de telefone e telégrafo, as estradas de ferro – são de posse do governo e administradas por ele. Não há dúvida de que algumas dessas instituições e empresas são geridas pelo governo.

1 – Empresas dirigidas pelo governo

Que algumas dessas instituições e empresas são operadas pelo governo certamente é verdade, mas esse fato isolado *não* é suficiente para alterar o caráter do nosso sistema econômico. Nem sequer significa que se tenha instalado um "pequeno socialismo" no âmago do que seria – não fosse a intrusão dessas empresas de gestão governamental – a economia de mercado livre e não-socialista. Isso porque o governo, ao dirigir essas empresas, está subordinado à supremacia do mercado, o que significa que está subordinado à supremacia dos consumidores. Ao administrar, digamos, os correios ou as estradas de ferro, o governo é obrigado a contratar pessoal para trabalhar nessas empresas. Precisa também comprar as matérias-primas e os demais produtos necessários à operação das mesmas. E, por outro lado, o governo "vende" esses serviços e mercadorias para o público. Ainda, muito embora administre essas instituições utilizando os métodos do sistema econômico livre, o resultado, comumente, é um déficit. O governo, contudo, tem condições de financiar esse déficit – pelo menos é esta a convicção não só dos seus integrantes como também dos representantes do partido no poder.

A situação do indivíduo é bem diversa. Sua capacidade de gerir um empreendimento deficitário é muito restrita. Se o déficit não for logo eliminado, e se a empresa não se tornar lucrativa (ou pelo menos dar mostras de que não está incorrendo em déficits ou prejuízos adicionais), o indivíduo vai à falência e a empresa acaba.

Já o governo goza de condições diferentes. Pode ir em frente com um déficit, porque tem o poder de impor *tributos* à população. E se os contribuintes se dispuserem a pagar impostos mais elevados para permitir ao governo administrar uma empresa deficitária – isto é, administrar com menos eficiência do que o faria uma instituição privada –, ou seja, se o público tolerar esse prejuízo, então obviamente a empresa se manterá em atividade.

Nos últimos anos, na maioria dos países, procedeu--se à estatização de um número crescente de instituições e empresas, a tal ponto que os déficits cresceram muito além do montante possível de ser arrecadado dos cidadãos por meio de impostos. O que acontece nesse caso não é o tema da palestra de hoje. A consequência é a inflação, assunto que devo abordar amanhã. Mencionei isso apenas porque a economia mista não deve ser confundida com o problema do *intervencionismo*, sobre o qual quero falar esta noite.

2 – Que é o intervencionismo?

Que é o intervencionismo? O intervencionismo significa que o governo não se restringe à atividade de preservação da ordem, ou – como se costumava dizer cem anos atrás – da "produção da segurança". O intervencionismo revela um governo desejoso de fazer mais. Desejoso de interferir nos fenômenos de mercado.

Alguém que discorde, afirmando que o governo não deveria intervir nos negócios, poderá ouvir, com muita frequência, a seguinte resposta: "Mas o governo sempre interfere, necessariamente. Se há policiais nas ruas, o governo está interferindo. Interfere quando um assaltante rouba uma loja ou quando evita que

O Intervencionismo

alguém furte um automóvel". Mas quando falamos de intervencionismo, e definimos o significado do termo, referimo-nos à interferência governamental no mercado. (Que o governo e a polícia se encarreguem de proteger os cidadãos, e entre eles os homens de negócio e, evidentemente, seus empregados, contra os ataques de bandidos nacionais ou do exterior, é efetivamente uma expectativa normal e necessária, algo por esperar de qualquer governo. Essa proteção não constitui uma intervenção, pois a única função legítima do governo é, precisamente, produzir segurança).

Quando falamos de intervencionismo, referimo-nos ao desejo que experimenta o governo de fazer *mais* que impedir assaltos e fraudes. O intervencionismo significa que o governo não somente fracassa em proteger o funcionamento harmonioso da economia de mercado, como também interfere em vários fenômenos de mercado: interfere nos preços, nos padrões salariais, nas taxas de juros e nos lucros.

O governo quer interferir com a finalidade de obrigar os homens de negócio a conduzir suas atividades de maneira diversa da que escolheriam caso tivessem de obedecer apenas aos consumidores. Assim, todas as medidas de intervencionismo governamental têm por objetivo restringir a supremacia do consumidor. O governo quer arrogar a si mesmo o poder – ou pelo menos parte do poder – que, na economia de mercado livre, pertence aos consumidores.

Consideremos um exemplo de intervencionismo bastante conhecido em muitos países e experimentado, vezes sem conta, por inúmeros governos, especialmente em tempos de inflação. Refiro-me ao tabelamento de preços.

Em geral, os governos recorrem ao controle de preços depois de terem inflacionado a oferta de moeda e de a população ter começado a se queixar do decorrente aumento dos preços. Há muitos e famosos exemplos históricos do fracasso de métodos de tabelamento dos preços, mas mencionarei apenas dois, porque em ambos os governos foram, de fato, extremamente enérgicos ao impor, ou tentar impor, seus controles de preço.

O primeiro exemplo famoso é o caso do imperador romano Diocleciano (244-311), notório como o último imperador romano a perseguir os cristãos. Na segunda metade do século III, os imperadores romanos dispunham de um único método financeiro: desvalorizar a moeda corrente por meio de sua adulteração. Nessa época primitiva, anterior à invenção da máquina impressora, até a inflação era, por assim dizer, primitiva. Envolvia o enfraquecimento do teor da liga metálica com que se cunhavam as moedas, especialmente as de prata. O governo misturava à prata quantidades cada vez maiores de cobre, até que a cor das moedas se alterou e o peso se reduziu consideravelmente. A consequência dessa adulteração das moedas e do aumento associado da quantidade de dinheiro em circulação foi uma alta dos preços, seguida de um decreto destinado a controlá-los. E os imperadores romanos não primavam pela moderação no fazer cumprir suas leis: a morte não lhes parecia uma punição demasiado severa para quem ousasse cobrar preços mais elevados que os estipulados. Conseguiram impor o controle de preços, mas foram incapazes de preservar a sociedade. A consequência foi a desintegração do Império Romano e do sistema da divisão do trabalho.

Quinze séculos depois, a mesma adulteração do dinheiro teve lugar durante a Revolução Francesa. Mas desta vez se utilizou um método diferente. A tecnologia para a produção de dinheiro fora consideravelmente aperfeiçoada. Os franceses já não precisavam recorrer à adulteração da liga metálica empregada na cunhagem das moedas: tinham a máquina impressora. E esta era extremamente eficiente. Mais uma vez, o resultado foi uma elevação dos preços sem precedentes. Entretanto, na Revolução Francesa os preços máximos não foram garantidos pelo mesmo método ao aplicár-se a de que lançara mão o imperador Diocleciano pena capital. Produzira-se um aperfeiçoamento também na técnica de matar cidadãos. Todos se lembram do famoso doutor Joseph-Ignace Guillotin (1738-1814), o inventor da guilhotina. No entanto, apesar da guilhotina, os franceses também fracassaram com suas leis de preço máximo. Quando chegou a vez de Maximilien de Robespierre (1758-1794) ser conduzido numa carroça rumo à guilhotina, o povo gritava: "Lá vai o bandido-mor!"

Se menciono esse fato, é porque é comum ouvir: "O que é preciso para dar eficácia e eficiência ao controle de preços é apenas maior implacabilidade e maior energia". Ora, Diocleciano foi indubitavelmente implacável, como também o foi a Revolução Francesa. Não obstante, as medidas de controle de preço fracassaram por completo em ambos os casos.

3 – Porque os controles de preços falham

Analisemos agora as razões desse fracasso. O governo ouve as queixas do povo de que o preço do leite subiu. E o leite é, sem dúvida, muito importante, sobretudo para a geração em crescimento, para as crianças. Por conseguinte, estabelece um preço máximo para esse produto, tabelando-o a um preço inferior ao que seria o preço potencial de mercado. Então o governo diz: "Estamos certos de que fizemos todo o possível para permitir aos pobres a compra de todo o leite de que necessitam para alimentar seus filhos".

Mas que acontece? Por um lado, o menor preço do leite provoca o aumento da demanda do produto; pessoas que não tinham meios de comprá-lo a um preço mais alto, podem agora fazê-lo ao preço reduzido por decreto oficial. Por outro lado, parte dos produtores de leite, aqueles que estão produzindo a custos mais elevados – isto é, os produtores marginais – começam a sofrer prejuízos, visto que o preço decretado pelo governo é inferior aos custos do produto. Este é o ponto crucial na economia de mercado. O empresário privado, o produtor privado, não pode sofrer prejuízo no cômputo final de suas atividades. E como não pode ter prejuízos com o leite, restringe a venda deste produto

O Intervencionismo

para o mercado. Pode vender algumas de suas vacas para o matadouro; pode também, em vez de leite, fabricar e vender derivados do produto, como coalhada, manteiga ou queijo.

A interferência do governo no preço do leite redunda, pois, em menor quantidade do produto do que a que havia antes, redução que é concomitante a uma ampliação da demanda. Algumas pessoas dispostas a pagar o preço decretado pelo governo não conseguirão comprar leite. Outro efeito é a precipitação de pessoas ansiosas por chegarem em primeiro lugar às lojas. São obrigadas a esperar do lado de fora. As longas filas diante das lojas parecem sempre um fenômeno corriqueiro numa cidade em que o governo tenha decretado tabelamento de preços para as mercadorias que lhe pareciam importantes.

Foi o que se passou em todos os lugares onde o preço do leite foi tabelado. Por outro lado, isso foi sempre prognosticado pelos economistas – obviamente apenas pelos economistas sensatos, que, aliás, não são muito numerosos. Mas qual é a consequência do controle governamental de preços? O governo se frustra. Pretendia aumentar a satisfação dos consumidores de leite, mas na verdade, descontentou-os. Antes de sua interferência, o leite era caro, mas era possível comprá-lo. Agora a quantidade disponível é insuficiente. Com isso, o consumo total se reduz. As crianças passam a tomar menos leite. A medida a que o governo recorre em seguida é o racionamento. Mas racionamento significa tão somente que algumas pessoas são privilegiadas e conseguem obter leite, enquanto outras ficam sem *nenhum*. Quem obtém e quem não obtém é obviamente algo sempre determinado de forma muito arbitrária. Pode ser estipulado, por exemplo, que crianças com menos de quatro anos de idade devem tomar leite, e aquelas com mais de quatro, ou entre quatro e seis, devem receber apenas a metade da ração a que as menores fazem jus.

Faça o governo o que fizer, permanece o fato de que só há disponível uma menor quantidade de leite. Consequentemente, a população está ainda mais insatisfeita que antes. O governo pergunta, então, aos produtores de leite (porque não tem imaginação suficiente para descobrir por si mesmo): "Por que não produzem a mesma quantidade que antes?" Obtém a resposta: "É impossível, uma vez que os custos de produção são superiores ao preço máximo fixado pelo governo". As autoridades se põem em seguida a estudar os custos dos vários fatores de produção, vindo a descobrir que um deles é a ração.

"Pois bem", diz o governo, "o mesmo controle que impusemos ao leite, vamos aplicar agora à ração. Tabelaremos o preço da ração e os produtores de leite poderão alimentar seu gado a preços mais baixos, com menor dispêndio. Com isto, tudo se resolverá: os produtores de leite terão condições de produzir em maior quantidade e venderão mais".

Que acontece nesse caso? Repete-se, com a ração, a mesma história acontecida com o leite, e, como é fácil depreender, pelas mesmíssimas razões. A produção de ração diminui e as autoridades se veem novamente diante de um dilema.

Nessas circunstâncias, providenciam novos interlocutores, no intuito de descobrir o que há de errado com a produção de ração. E recebem dos produtores de ração uma explicação idêntica à que lhes fora fornecida pelos produtores de leite. De sorte que o governo é compelido a dar outro passo, já que não quer abrir mão do princípio do controle de preços. Tabela os preços dos insumos necessários à produção de ração. E a mesma história, mais uma vez, se desenrola.

Assim, o governo começa a controlar não mais apenas o leite, mas também os ovos, a carne e outros artigos essenciais. E, todas as vezes alcança o mesmo resultado, por toda parte a consequência é a mesma. A partir do momento em que tabela os preços dos bens de consumo, vê-se obrigado a recuar no sentido dos bens de produção, e a limitar os preços dos insumos necessários à elaboração daqueles bens de consumo com preços tabelados. E assim o governo, que começara com o controle de alguns poucos fatores, recua cada vez mais em direção à base do processo produtivo, tabelando os preços de todas as modalidades de bens de produção, incluindo-se aí, evidentemente, o preço da mao de obra, pois, sem controle salarial, o "controle de custos" efetuado pelo governo seria um contrassenso.

Ademais, o governo não tem como limitar sua interferência no mercado apenas ao que se lhe parecem bens de primeira necessidade: leite, manteiga, ovos e carne. Precisa necessariamente incluir os bens de luxo, porquanto, se não limitasse os preços *deles*, o capital e a mão de obra abandonariam a produção dos artigos de primeira necessidade e acorreriam à produção dessas mercadorias que o governo reputa supérfluas. Portanto, a interferência isolada no preço de um ou outro bem de consumo sempre gera efeitos – e é fundamental compreendê-lo – ainda *menos* satisfatórios que as condições que prevaleciam anteriormente.

Antes da interferência do governo, o leite e os ovos eram caros; depois que interferiu, começaram a sumir do mercado. O governo considerava esses artigos tão importantes que interferiu; queria torná-los mais abundantes, ampliar sua oferta. O resultado foi o contrário: a interferência isolada deu origem a uma situação que – do ponto de vista do governo – é ainda *mais* indesejável que a anterior, que se pretendia alterar. E o governo acabará por chegar a um ponto em que todos os preços, padrões salariais, taxas de juros, em suma, tudo o que compõe o conjunto do sistema econômico, é determinado por ele. E isso, obviamente, é *socialismo*.

O que lhes apresentei aqui, nesta explanação esquemática e teórica, foi precisamente o que ocorreu nos países que tentaram impor tabelamento de preços, países cujos governos foram teimosos o bastante para avançarem passo a passo até a própria derrocada. Foi o que aconteceu, na Primeira Guerra Mundial, com a Alemanha e a Inglaterra.

4 – Intervenções no período da guerra

Analisemos a situação que existia nos dois países. Ambos experimentavam a inflação. Como os preços subiam, os dois governos impuseram controles. Tendo começado com apenas alguns preços, nada mais que leite e ovos, foram forçados a avançar cada vez mais. Mais a guerra se prolongava, maior se tornava a inflação. E após três anos de guerra, os alemães – de maneira sistemática, como é de seu estilo – elaboraram um grande plano. Chamaram-no Plano Hindenburg (naquela época, tudo na Alemanha que parecia bom ao governo era batizado de Hindenburg).

O Plano Hindenburg estabelecia o controle governamental sobre todo o sistema econômico do país: preços, salários, lucros..., tudo. E a burocracia tratou imediatamente de pôr em prática esse plano. Mas, antes de concluí-lo, veio a derrocada: o Império Alemão desintegrou-se, o aparelho burocrático esfacelou-se, a revolução produziu seus efeitos terríveis – tudo chegou ao fim.

Os fatos, na Inglaterra, inicialmente ocorreram dessa mesma maneira, mas, depois de algum tempo, na primavera de 1917, os Estados Unidos entraram na guerra e abasteceram os ingleses com quantidades suficientes de tudo. Dessa forma, o caminho do socialismo, o caminho da servidão, foi obstado.

Antes da ascensão dos nazistas ao poder, o controle de preços foi mais uma vez introduzido na Alemanha pelo chanceler Heinrich Brüning (1885-1970), pelas razões de costume. O próprio Adolf

Hitler aplicou-o antes mesmo do início da Segunda Guerra Mundial: na Alemanha nazista não havia empresa privada ou iniciativa privada. Na Alemanha de Hitler havia um sistema de socialismo que só diferia do sistema russo na medida em que ainda eram mantidos a *terminologia* e os *rótulos* do sistema de livre economia. Ainda existiam "empresas privadas", como eram denominadas. Mas o proprietário já não era um empresário; chamavam-no "gerente" ou "chefe" de negócios (*Betriebsführer*).

Todo o país foi organizado numa hierarquia de *führers*; havia o *Führer* supremo, obviamente Adolf Hitler, e em seguida uma longa sucessão *de führers*, em ordem decrescente, até os *führers* do último escalão. E, assim, o dirigente de uma empresa era o *Betriebsführer*. O conjunto de seus empregados, os trabalhadores da empresa, era chamado por uma palavra que, na Idade Média, designara o séquito de um senhor feudal: o *Gefolgschaft*. E toda essa gente tinha de obedecer às ordens expedidas por uma instituição que ostentava o nome assustadoramente longo de *Reichsführerwirtschaftsministerium* (Ministério da Economia do Império), a cuja frente estava o conhecido gorducho Hermann Göring (1893-1946), enfeitado de joias e medalhas.

E era desse corpo de ministros de nome tão comprido que emanavam todas as ordens para todas as empresas: o que produzir, em que quantidade, onde comprar matérias-primas e quanto pagar por elas, a quem vender os produtos e a que preço. Os trabalha-

O Intervencionismo

dores eram designados para determinadas fábricas e recebiam salários decretados pelo governo. Todo o sistema econômico era agora regulado, em seus mínimos detalhes, pelo governo.

O *Betriebsführer* não tinha o direito de se apossar dos lucros; recebia o equivalente a um salário e, se quisesse receber uma soma maior, diria, por exemplo: "Estou muito doente, preciso me submeter a uma operação imediatamente, e isso custará quinhentos marcos". Nesse caso, era obrigado a consultar o *führers* do distrito (*Gauführer* ou *Gauleiter*), que o autorizaria – ou não – a fazer uma retirada superior ao salário que lhe era destinado. Os preços já não eram preços, os salários já não eram salários – não passavam de *expressões* quantitativas num sistema de socialismo.

Permitam-me agora contar-lhes como esse sistema entrou em colapso. Um dia, após anos de combate, os exércitos estrangeiros chegaram à Alemanha. Procuraram conservar esse sistema econômico de direção governamental; mas para isso teria sido necessária a brutalidade de Adolf Hitler. Sem ela, o sistema não funcionou. Enquanto isso acontecia na Alemanha, durante a Segunda Guerra Mundial, a Grã-Bretanha fazia exatamente a mesma coisa: a partir do controle do preço de algumas mercadorias, o governo britânico começou, passo a passo (assim como Hitler procedera em tempo de paz, antes mesmo de deflagrada a guerra), a controlar cada vez mais a economia, até que, por ocasião do término da guerra, tinham chegado a algo muito próximo do puro socialismo.

A Grã-Bretanha não foi conduzida ao socialismo pelo governo do Partido Trabalhista, estabelecido em 1945. Ela se tornou socialista durante a Segunda Guerra Mundial, ao longo do governo que tinha à frente, como primeiro-ministro, Sir Winston Churchill (1874-1965). O governo trabalhista simplesmente manteve o sistema de socialismo já introduzido pelo governo conservador de Churchill. E isso a despeito da grande resistência do povo.

As estatizações efetuadas na Grã-Bretanha não tiveram grande significado. A estatização do Banco da Inglaterra foi inócua, visto que essa instituição financeira já estava sob completo controle governamental. E o mesmo se deu com a estatização das estradas de ferro e da indústria do aço. O "socialismo de guerra", como era chamado – denotando o intervencionismo implantando passo a passo – já estatizara praticamente te todo o sistema.

A diferença entre o sistema alemão e o britânico não foi significativa, porquanto os gestores tinham sido designados pelo governo e, em ambos os casos, eram obrigados a cumprir as ordens do governo em todos os detalhes. Como disse antes, o sistema dos nazistas alemães conservou os rótulos e termos da economia capitalista de livre mercado. Mas essas expressões adquiriram um significado muito diverso: já não passavam agora de decretos governamentais.

Isso também se aplica ao sistema britânico. Quando o Partido Conservador foi reconduzido ao poder, alguns desses controles foram suprimidos.

O Intervencionismo

Temos hoje na Grã-Bretanha tentativas, por um lado, de conservar os controles e, por outro, de aboli-los (mas não se deve esquecer que as condições existentes na Inglaterra são muito diferentes das que prevalecem na Rússia). O mesmo se passou em outros países que, por dependerem da importação de alimentos e de matérias-primas, foram obrigados a exportar bens manufaturados. Em países profundamente dependentes do comércio de exportações, um sistema de controle governamental simplesmente não funciona.

Assim, a subsistência de alguma liberdade econômica (e ainda existe uma substancial liberdade em países como a Noruega, a Inglaterra, a Suécia) é fruto da *necessidade de preservar o comércio de exportação*. Aliás, se escolhi anteriormente o exemplo do leite, não foi por ter alguma predileção especial pelo produto, mas porque praticamente todos os governos – ou sua grande maioria – regulamentaram, nas últimas décadas, os preços do leite, dos ovos ou da manteiga.

5 – Controle de alugueis

Quero lembrar, em poucas palavras, outro exemplo, o do controle do aluguel. Uma das consequências do controle dos aluguéis por parte do governo é que pessoas que teriam – por causa de alterações na situação familiar – de mudar de apartamentos maiores para outros menores, já não o fazem. Considere-se, por exemplo, um casal cujos filhos saíram de casa em outras cidades. Casais como esse tendiam a se mudar, passando a habitar apartamentos menores e mais baratos. Com a imposição do controle sobre os aluguéis, essa necessidade desaparece.

Em Viena, no começo da década de 1920, o controle do aluguel estava firmemente estabelecido. Assim, a quantia que um locador recebia por um apartamento de dimensões médias, submetido a controle de aluguel, não excedia o dobro do preço de uma passagem de bonde – sistema de transporte pertencente à municipalidade. Pode-se imaginar que não se tinha incentivo algum para mudar de apartamento. E, por outro lado, não se construíam novas casas. Condições semelhantes prevaleceram nos Estados Unidos após a Segunda Guerra Mundial e perduram até hoje em muitas cidades americanas.

Uma das principais razões por que muitas cidades nos Estados Unidos se encontram em enorme dificuldade financeira reside na adoção do controle sobre os aluguéis, com a decorrente escassez de moradias. Ela se produziu pelas mesmas razões que acarretaram a escassez do leite quando o preço foi controlado. Isto significa: *sempre que interfere no mercado, o governo é progressivamente impelido ao socialismo.*

E esta é a resposta aos que dizem: "Não somos socialistas, não queremos que o governo controle tudo. Mas por que não poderia ele interferir um pouco no mercado? Por que não poderia abolir determinadas coisas que nos desagradam?"

6 – Existe uma terceira via intermediária?

Essas pessoas falam de uma política de "meio-termo". O que não se percebe é que a interferência *isolada,* isto é, a interferência num único pequeno detalhe do sistema econômico, produz uma situação que ao próprio governo – e àqueles que estão reivindicando a sua interferência – parecerá pior que aquelas condições que se pretendia abolir: os que propunham o controle dos aluguéis ficam irritados ao se darem conta da escassez de apartamentos e moradias em geral. Mas essa escassez de moradias foi gerada precisamente pela interferência do governo, pela fixação dos aluguéis em valores inferiores ao que se pagaria num sistema de livre mercado.

A ideia de que existe, entre o socialismo e o capitalismo, um *terceiro* sistema – como o chamam seus defensores –, o qual, sendo equidistante do socialismo e do capitalismo, conservaria as vantagens e evitaria as desvantagens de um e de outro, é puro contrassenso. Os que acreditam na existência possível desse sistema mítico podem chegar a ser realmente líricos quando tecem loas ao intervencionismo. Só o que se pode dizer é que estão equivocados. A interferência governamental que exaltam dá lugar a situações que desagradariam a eles mesmos.

Uma das questões que abordarei depois é a do protecionismo: o governo procura isolar o mercado interno do mercado mundial. Introduz tarifas que elevam o preço interno da mercadoria acima do preço em que é cotada no mercado mundial, o que possibilita aos produtores nacionais a formação de cartéis. Logo em seguida, o mesmo governo investe contra os cartéis, declarando: "Nestas condições, uma legislação anticartel é necessária".

Foi precisamente esse o procedimento da maioria dos governos europeus. Nos Estados Unidos, somam-se a isso razões adicionais para a legislação antitruste e para a campanha governamental contra o fantasma do monopólio.

É absurdo ver o governo – que gera, por meio do próprio intervencionismo, as condições que possibilitam a emergência de cartéis nacionais – voltar-se contra o meio empresarial, dizendo: "Há cartéis, portanto é necessária a interferência do governo nos negócios". Seria muito mais simples evitar a formação de cartéis sustando a interferência governamental no mercado – interferência esta que vem a gerar as possibilidades de formação desses cartéis.

A ideia da interferência governamental como "solução" para problemas econômicos dá margem, em todos os países, a circunstâncias no mínimo extremamente insatisfatórias e, com frequência, caóticas. Se não for detida a tempo, o governo acabará por implantar o socialismo.

Não obstante, a interferência do governo nos negócios continua a gozar de grande aceitação. Mal acontece no mundo algo que desagrada às pessoas é comum ouvir-se o comentário: "O governo precisa fazer algo a respeito. Para que temos governo? O governo deveria fazer isso". Temos aqui um vestígio caracte-

O Intervencionismo

rístico do modo de pensar de épocas passadas, de eras *anteriores* à liberdade moderna, ao governo constitucional moderno, anteriores ao governo representativo ou ao republicanismo moderno.

Ao longo de séculos, manteve-se a doutrina – afirmada e acatada por todos – de que um rei, um rei ungido, era o mensageiro de Deus; era mais sábio que os súditos e possuía poderes sobrenaturais. Até princípios do século XIX, pessoas que sofriam certas doenças esperavam ser curadas pelo simples toque da mão do rei. Os médicos costumavam ser mais eficazes: mesmo assim, permitiam aos seus pacientes experimentar o rei.

Essa doutrina da superioridade de um governo paternal e dos poderes sobre-humanos dos reis hereditários extinguiu-se gradativamente – ou, pelo menos, assim imaginávamos. Mas ela ressurgiu. O professor alemão Werner Sombart (1863-1941) – a quem conheci muito bem –, homem de renome mundial, foi doutor *honoris causa* de várias universidades e membro honorário da American Economic Association [Associação Econômica Norte-Americana]. Esse professor escreveu um livro que tem tradução para o inglês – publicada em coedição pela Princeton University Press e pela Oxford University Press –, para o francês e provavelmente também para o espanhol. Ou melhor, espero que tenha, para que todos possam conferir o que vou dizer. Nesse livro, publicado não nas "trevas" da Idade Média, mas no nosso século, esse professor de economia diz simplesmente o seguinte: *"O Führer, nosso Führer"* – refere-se, é claro, a Adolf Hitler – *"recebe instruções diretamente de Deus, o Führer do universo".*

Já me referi antes a essa hierarquia de *führers* e nela situei Adolf Hitler como o *"Führer* Supremo". Entretanto, pelo que nos informa Werner Sombart, há um *Führer* em posição ainda mais elevada. Deus, o *Führer* do universo. E Deus, escreve ele, transmite suas instruções diretamente a Hitler. Naturalmente, o professor Sombart não deixou de acrescentar, com muita modéstia: *"Não sabemos como Deus se comunica com o Führer. Mas o fato não pode ser negado".*

Ora, se ficamos sabendo que semelhante livro pôde ser publicado em alemão – a língua de um país outrora exaltado como "a nação dos filósofos e dos poetas" –, e o vemos traduzido em inglês e francês, já não nos espantará que mesmo um pequeno burocrata venha, um dia, a se considerar mais sábio e melhor que os demais cidadãos, e deseje interferir em tudo, ainda que não passe de um reles burocratazinho, em nada comparável ao famoso professor Werner Sombart, membro honorário de tudo quanto é entidade.

Haveria um remédio contra tudo isso? Eu diria que sim. Há um remédio. E esse remédio é a força dos cidadãos: cabe-lhes impedir a implantação de um regime tão autoritário que se arrogue uma sabedoria superior à do cidadão comum. Esta é a diferença fundamental entre a liberdade e a servidão.

As nações socialistas atribuíram a si mesmas a designação de *democracia*. Os russos chamam seu sistema de democracia popular; provavelmente sustentam que o povo está representado na pessoa do ditador. Penso que *um* ditador, Juan Domingo Perón aqui na Argentina, recebeu a resposta que merecia quando foi forçado ao exílio em 1955. Esperamos que outros ditadores, em outras nações, recebam resposta semelhante.

QUARTA LIÇÃO

A Inflação

Se a oferta de caviar fosse tão abundante quanto a de batatas, o preço do caviar – isto é, a relação de troca entre caviar e dinheiro, ou entre caviar e outras mercadorias – se alteraria consideravelmente. Nesse caso, seria possível adquiri-lo a um preço muito menor que o exigido hoje. Da mesma maneira, se a quantidade de dinheiro aumenta, o poder de compra da unidade monetária diminui, e a quantidade de bens que pode ser adquirida com uma unidade desse dinheiro também se reduz.

Quando, no século XVI, as reservas de ouro e prata da América foram descobertas e exploradas, enormes quantidades desses metais preciosos foram transportadas para a Europa. A consequência desse aumento da quantidade de moeda foi uma tendência geral à elevação dos preços. Do mesmo modo, quando, em nossos dias, um governo aumenta a quantidade de papel-moeda, a consequência é a queda progressiva do poder de compra da unidade monetária e a correspondente elevação dos preços. A isso se chama de *inflação*.

Infelizmente, nos Estados Unidos, bem como em outros países, alguns preferem ver a causa da inflação não no aumento da quantidade de dinheiro, mas na elevação dos preços.

Entretanto, nunca se apresentou nenhuma contestação séria à interpretação econômica da relação entre os preços e a quantidade de dinheiro, ou da relação de troca entre a moeda e outros bens, mercadorias e serviços. Nas condições tecnológicas atuais, nada é mais fácil que fabricar pedaços de papel e imprimir sobre eles determinados valores monetários. Nos Estados Unidos, onde todas as notas têm o mesmo tamanho, imprimir uma nota de mil dólares não custa mais ao governo que imprimir uma de um dólar. Trata-se exclusivamente de um processo de impressão, a exigir, nos dois casos, idênticas quantidades de papel e de tinta.

1 – Impressão de papel-moeda

No século XVIII, quando se fizeram as primeiras tentativas de emitir papel-moeda e atribuir-lhes a qualidade de moeda corrente – isto é, o direito de serem honradas em transações de troca do mesmo modo que as moedas de ouro e prata –, os governos e as nações acreditavam que os banqueiros detinham algum conhecimento secreto que lhes permitia produzir riqueza a partir do nada. Quando os governos do século XVIII se viam em dificuldades financeiras, julgavam ser sufi-

A Inflação

ciente, para delas se livrarem, entregar a um banquei-
ro engenhoso a condução da administração financeira.

Alguns anos antes da Revolução Francesa, quando
a realeza da França atravessava problemas financeiros, o rei da França procurou um desses banqueiros
engenhosos e nomeou-o para uma função importante. Esse homem era, sob todos os aspectos, o oposto
das pessoas que vinham regendo a nação até aquele
momento. Para começar, não era francês, era um estrangeiro – Jacques Necker (1732-1804), um suíço
oriundo de Genebra. Em segundo lugar, não pertencia
à aristocracia, era um simples plebeu. E, o que con-
tava mais ainda na França do século XVIII, não era
católico, e sim protestante. E assim *monsieur* Necker,
pai da famosa Anne-Louise Germaine Necker (1766-
1817), a Madame de Staël, tornou-se o ministro das
finanças, e todos esperavam que resolvesse os problemas financeiros do país. Mas, a despeito do elevado
grau de confiança desfrutado por *monsieur* Necker, os
cofres reais permaneceram vazios. O grande erro de
Necker consistiu na tentativa de prestar auxílio financeiro aos colonos da América do Norte na guerra de
independência contra a Inglaterra *sem elevar os impostos*. Aquela era certamente uma maneira errada de
procurar resolver os problemas financeiros da França.

Não há maneira secreta para a solução dos problemas financeiros de um governo. Se necessita de
dinheiro, tem de obtê-lo cobrando impostos dos cidadãos (ou, sob condições especiais, tomando em-
préstimo das pessoas que têm dinheiro). No entan-

to, muitos governos, e podemos até mesmo dizer, a maioria dos governos creem que existe outro método para obter o dinheiro necessário; simplesmente, imprimi-lo.

Se deseja fazer algo benéfico – construir um hospital, por exemplo –, o meio de que o governo dispõe para arrecadar o dinheiro necessário é cobrar tributos dos cidadãos e construir o hospital com a receita assim constituída. Nesse caso, não ocorrerá nenhuma "revolução dos preços", porque, quando o governo arrecada dinheiro para a construção do hospital, os cidadãos – onerados por esse tributo adicional – são obrigados a reduzir seus gastos. O contribuinte individual é forçado a reduzir ou o seu consumo, ou os seus investimentos, ou a sua poupança. Quando se apresenta no mercado como um comprador, o governo *substitui* o cidadão: este passa a comprar menos. Mas isso se dá porque o governo está comprando mais. Evidentemente, o governo não compra exatamente os mesmos bens que os cidadãos comprariam; em média, no entanto, não se verifica nenhuma elevação de preços em decorrência da construção do hospital pelo governo.

Escolho o exemplo de um hospital precisamente porque é comum ouvir dizer: "Faz diferença se o governo usa seu dinheiro para bons ou maus propósitos". Proponho fazermos de conta que o governo *sempre* usa o dinheiro que emitiu para os melhores fins – fins com que todos concordamos. Acontece que não é o *modo* como o dinheiro é gasto, é antes o modo como é *obtido* pelo governo que dá lugar a essa consequência que chamamos de inflação, e que hoje quase ninguém, no mundo todo, considera benéfica.

Por exemplo, o governo poderia, sem fomentar a inflação, usar o dinheiro arrecadado através de impostos para contratar novos funcionários, ou para elevar os salários dos que já estão a seu serviço. Esses funcionários, tendo tido um aumento nos salários, passam, então, a poder comprar mais. Quando o governo cobra impostos dos cidadãos e aplica essa soma no aumento do salário de seu pessoal, os contribuintes passam a ter menos o que gastar, mas os funcionários públicos passam a ter mais: os preços em geral não subirão.

No entanto, se o governo não busca, para esse fim, receita proveniente de impostos, se, ao contrário, recorre a dinheiro recém-impresso, consequentemente, algumas pessoas começam a ter mais dinheiro, enquanto todas as demais continuam a ter o mesmo que antes. Assim, as que receberam o dinheiro recém-impresso vão competir com aquelas que eram compradoras anteriormente. E uma vez que não há maior número de mercadorias que antes, mas há mais dinheiro no mercado – e uma vez que há pessoas que podem agora comprar mais do que ontem – haverá uma demanda adicional para uma quantidade inalterada de bens. Consequentemente, os preços tenderão a subir. Isso não pode ser evitado, seja qual for o uso que se faça do dinheiro recém-emitido.

2 – Aumentos graduais de preços

Há, todavia, algo ainda mais importante. Essa tendência de elevação dos preços se estabelecerá passo a passo, uma vez que não se trata de um movimento ascendente geral desse tão falado "nível dos preços". Esta expressão metafórica nunca deveria ser usada.

Quando se fala de "nível dos preços", a imagem que as pessoas formam mentalmente é a de um líquido que sobe ou desce, segundo o aumento ou a redução de sua quantidade, mas que, como um líquido num reservatório, se eleva sempre por igual. Mas, no caso dos preços, nada há que se assemelhe a "nível". Os preços não se alteram na mesma medida e ao mesmo tempo. Há sempre preços que mudam mais rapidamente, caem ou sobem mais depressa que outros. E há uma razão para isso.

Considerem o caso do funcionário público que recebeu parte do novo dinheiro acrescentado à oferta de dinheiro. As pessoas não compram num mesmo dia precisamente as mesmas mercadorias e nas mesmas quantidades. O dinheiro suplementar que o governo imprimiu e introduziu no mercado não é usado na compra de todas as mercadorias e serviços. É usado na aquisição de certas mercadorias, cujos preços subirão, ao passo que outras continuarão ainda com os preços de antes da introdução do novo dinheiro no mercado. De sorte que, quando a inflação começa, diferentes grupos da população são por ela afetados de diferentes maneiras. Os grupos que recebem o novo dinheiro em primeiro lugar ganham uma vantagem temporal.

A Inflação

O governo, quando emite dinheiro para custear uma guerra, tem de comprar munições. Os primeiros a receber o dinheiro adicional são, então, as indústrias de munição e os que nelas trabalham. Esses grupos passam a ocupar uma posição privilegiada. Auferem maiores lucros e ganham maiores salários: seus negócios prosperam. Por quê? Porque foram os primeiros a receber o dinheiro adicional. E, tendo agora mais dinheiro à sua disposição, estão comprando mais. E compram de outras pessoas, que fabricam e vendem as mercadorias que lhes interessam.

Estas outras pessoas constituem um segundo grupo. E este segundo grupo considera a inflação muito benéfica para seus negócios. Por que não? Não é esplêndido vender mais? E o proprietário de um restaurante situado nas vizinhanças de uma fábrica de munições, por exemplo, diz: "É realmente maravilhoso! Os trabalhadores do setor de munições estão com mais dinheiro; estão frequentando meu estabelecimento como nunca; estão todos prestigiando meu restaurante; isto me deixa muito feliz". Não vê razão alguma para se sentir de outro modo.

A situação é a seguinte: aqueles para quem o dinheiro chega em primeiro lugar têm sua renda aumentada e podem continuar comprando muitas mercadorias e serviços a preços que correspondem ao estado anterior do mercado, à situação vigente às vésperas da inflação. Encontram-se, portanto, em situação privilegiada. E assim a inflação se expande, passo a passo, de um grupo para outro da população. E todos os que têm acesso ao dinheiro adicional na primeira hora da inflação são beneficiados, uma vez que estão comprando alguns artigos a preços ainda correspondentes ao estágio prévio da relação de troca entre dinheiro e mercadorias.

No entanto, há outros grupos da população para quem esse dinheiro chega muitíssimo depois. Essas pessoas se veem numa situação desfavorável. Antes de terem acesso ao dinheiro adicional, são obrigadas a pagar preços mais altos que os anteriores por algumas mercadorias que desejam adquirir (ou praticamente todas), ao passo que sua renda permanece a mesma, ou não aumenta na mesma proporção dos preços. Considere-se, por exemplo, um país como os Estados Unidos durante a Segunda Guerra Mundial: por um lado, a inflação desse período favoreceu os trabalhadores das fábricas de munição, as fábricas de munição e os fabricantes de armamentos; por outro lado, prejudicou certos grupos da população. E os maiores prejudicados foram os professores e os religiosos.

Como todos sabem, um sacerdote é pessoa de muita humildade, que está a serviço de Deus e não deve falar demais em dinheiro. Analogamente, os professores são pessoas dedicadas, de quem se espera maior preocupação com a educação dos jovens que com os próprios salários. Por conseguinte, os professores e os religiosos estiveram entre os grupos mais penalizados pela inflação, visto que as várias escolas e igrejas foram as últimas instituições a se darem conta da necessidade de elevar os salários. Quando os dignitários eclesiás-

A Inflação

ticos e as associações escolares finalmente chegaram à conclusão de que era preciso aumentar também os salários dessa gente dedicada, as perdas que tinham sofrido até então já não podiam ser reparadas.

Por muito tempo, foram obrigados a comprar menos que antes, a reduzir seu consumo de alimentos melhores e mais caros, a restringir sua compra de roupas – já que os preços tinham sido reajustados, enquanto sua renda, seus salários ainda não tinham sido aumentados (esta situação foi hoje consideravelmente alterada, ao menos no que diz respeito aos professores).

A cada momento, portanto, são diferentes os grupos da população que estão sendo diretamente afetados pela inflação. Para alguns deles, a inflação não é tão má assim, e chegam até a defender seu prolongamento, visto que são os primeiros a se beneficiarem. Veremos na próxima palestra como essa disparidade de consequências afeta vitalmente a política que conduz à inflação.

Subjacente a todas as modificações produzidas pela inflação, está o fato de que, além de haver grupos que são por ela favorecidos, há outros que a exploram diretamente. A palavra "explorar" não pretende refletir uma censura a essas pessoas, pois só o governo e ninguém mais pode ser considerado culpado e responsável pelo estabelecimento da inflação. Sempre há, sem dúvida, pessoas que percebem o que está ocorrendo mais cedo que as demais e, então, *apoiam* a inflação. Seus lucros excepcionais decorrem do fato de que haverá sempre desigualdade no processo inflacionário.

3 – Governos não gostam de taxar

O governo pode considerar que, como método de arrecadar fundos, a inflação é melhor que a tributação: esta é sempre impopular e de difícil execução. Em muitas nações grandes e ricas, os legisladores muitas vezes discutiram, por meses a fio, várias modalidades de novos impostos, tornados necessários em decorrência de um aumento de gastos decidido pelo parlamento. Após discutir inúmeros métodos de angariar dinheiro por meio da tributação, finalmente chegaram à conclusão de que talvez o melhor fosse obtê-lo via inflação.

É evidente que a palavra "inflação" não era pronunciada. Um político no poder, ao recorrer à inflação, não declara: "Vou adotar a inflação como método". Os procedimentos técnicos empregados na produção da inflação são tão complexos, que o cidadão comum não percebe quando ela teve início.

Uma das maiores inflações da história, a que teve lugar no *Reich* alemão após a Primeira Guerra Mundial, não teve seu pico durante a guerra. Foram os níveis a que chegou no pós-guerra que ocasionaram a catástrofe. O governo não anunciou: "Vamos lançar mão da inflação". Simplesmente tomou dinheiro emprestado, indiretamente, do banco central. Não lhe competia perguntar como o banco central reuniria e liberaria aquela soma. E o banco central simplesmente a imprimiu.

Hoje, as técnicas de produção da inflação têm como complicadores a existência da moeda fiduciária.

A Inflação

Isso envolve outra técnica, mas o efeito é o mesmo. Com uma penada, o governo cria moeda fiduciária, aumentando assim o volume de moeda e de crédito. Basta-lhe emitir a ordem, e lá está a moeda fiduciária.

4 – Inflação não pode subsistir

O governo não se aflige diante do fato de que algumas pessoas sofrerão perdas; a iminente elevação dos preços não o perturba. Os legisladores proclamam: "Esse sistema é magnífico!" Esse magnífico sistema, contudo, tem um defeito básico: dura pouco. Se a inflação pudesse perdurar indefinidamente, não haveria por que criticar os governos por promoverem-na, mas o único fato bem estabelecido acerca desse fenômeno é que, mais cedo ou mais tarde, chega inevitavelmente ao fim. É uma política que não pode perdurar.

Em última instância, a inflação se encerra com o colapso do meio circulante – dando lugar a uma catástrofe, a uma situação como a ocorrida na Alemanha em 1923. Em 1º de agosto de 1914, o dólar correspondia a quatro marcos e vinte *pfennigs*. Nove anos e três meses depois, em novembro de 1923, a mesma moeda estava cotada em 4,2 trilhões de marcos. Em outras palavras, o marco já não valia coisa alguma. Já não tinha *algum* valor.

Alguns anos atrás, um famoso autor, John Maynard Keynes (1883-1946), escreveu: "*No longo prazo, estaremos todos mortos*". Lamento confirmar que é a pura verdade. Mas a questão é: quanto durará o curto prazo? No século XVIII, houve uma famosa cortesã,

Jeanne-Antoinette Poisson (1721-1764), a Madame de Pompadour, amante do rei Luís XV (1710-1774), a quem se atribui o seguinte dito: *"Après nous, le déluge"* ("Depois de nós, o dilúvio"). Madame de Pompadour teve a felicidade de morrer pouco tempo depois. Mas sua "sucessora", Jeanne Bécu (1743-1793), a Madame du Barry, sobreviveu o curto prazo, para, no longo prazo, ser decapitada. Para muitos o "longo prazo" logo se converte no presente – e quanto mais a inflação avança, mais se antecipa o "longo prazo".

Quanto pode durar o curto prazo? Por quanto tempo pode um banco central levar à frente um processo inflacionário? Provavelmente poderá fazê-lo enquanto o povo estiver convencido de que o governo, mais cedo ou mais tarde – mas certamente não demasiado tarde – sustará a impressão de dinheiro, detendo, assim, o decréscimo do valor de cada unidade monetária.

O povo, quando deixa de acreditar que o governo será capaz de deter a inflação, ou mesmo que ele tenha qualquer intenção de detê-la, começa a se dar conta de que os preços amanhã serão mais altos que hoje. As pessoas põem-se, então, a comprar a quaisquer preços, provocando uma alta em níveis tais que o sistema monetário entra em colapso.

Tomemos o caso da Alemanha, que o mundo inteiro testemunhou. Muitos livros descreveram os acontecimentos daquele período. (Embora sendo austríaco, e não alemão, vi tudo de dentro: a situação da Áustria não diferia muito da alemã, e tampouco eram diferentes as condições de muitos outros países europeus). Durante muitos anos, o povo alemão acreditou que sua inflação não passava de uma situação provisória, que logo chegaria ao fim. Acreditou nisso por nove anos, até o verão de 1923. Então, finalmente, as pessoas começaram a duvidar. Como a inflação continuava, a população julgou mais sensato comprar tudo o que estivesse à venda, em vez de guardar o dinheiro no bolso. Ademais, as pessoas raciocinavam que não era conveniente emprestar dinheiro, ser credor. Em contrapartida, era excelente negócio tomar dinheiro emprestado, ser devedor. Assim, a inflação continuou a se alimentar de si mesma.

A inflação prosseguiu na Alemanha até, precisamente, o dia 20 de novembro de 1923. O povo acreditara que o dinheiro inflacionário era dinheiro verdadeiro, mas descobriu, então, que as condições tinham mudado. No outono de 1923, as fábricas do país pagavam aos seus trabalhadores, cada manhã, uma diária antecipada. E o trabalhador, que se fazia acompanhar pela mulher até a fábrica, passava-lhe imediatamente seu ganho, todos os milhões que acabara de receber. A mulher, então, dirigia-se prontamente a uma loja, para comprar fosse o que fosse. Ela constatava o que, na época, a maioria da população sabia: o marco perdia, da noite para o dia, 50% de seu poder de compra. O dinheiro derretia-se nos bolsos do povo, como uma barra de chocolate sobre um forno quente. Essa fase final da inflação alemã não durou muito; depois de alguns dias, todo o pesadelo se encerrara: o marco perdera todo valor e foi preciso estabelecer uma nova moeda.

5 – Padrão-ouro

Lorde Keynes, o mesmo homem que disse que no longo prazo estaremos todos mortos, foi um representante do extenso rol de autores inflacionistas do século XX. Todos combateram o padrão-ouro. Ao atacá-lo, Keynes chamou-o de *"relíquia bárbara"*. Mesmo hoje, a grande maioria das pessoas considera ridículo falar de um retorno ao padrão-ouro. Nos Estados Unidos, por exemplo, poderemos ser considerados como sonhadores se dissermos: "Mais cedo ou mais tarde, os Estados Unidos terão de retornar ao padrão-ouro".

No entanto, o padrão-ouro tem uma extraordinária virtude: na sua vigência, a quantidade de dinheiro disponível é independente das políticas governamentais e dos partidos políticos. Essa é a sua vantagem. Constitui uma forma de proteção contra governos gastadores. Sob o padrão-ouro, se um governo resolve fazer gastos em um novo empreendimento, o ministro das finanças pode perguntar: "E onde vou conseguir o dinheiro? Diga-me, primeiro, onde encontrarei dinheiro para esse gasto adicional".

Num sistema inflacionário, nada é mais simples para os políticos que ordenar ao órgão governamental encarregado da impressão do papel-moeda a emissão de quanto dinheiro lhes seja necessário para seus projetos. O padrão-ouro é muito mais propício a um governo financeiramente seguro: seus titulares podem dizer ao povo e aos políticos: "Não podemos fazer tal coisa, salvo se aumentarmos os impostos".

A Inflação

Sob condições inflacionárias, o povo se habitua a considerar o governo uma instituição que tem recursos ilimitados à disposição: o Estado, o governo, podem tudo. Se, por exemplo, a nação deseja um novo sistema de rodovias, espera-se do governo a implantação. Mas onde poderá o governo obter o dinheiro? Pode-se dizer que hoje, nos Estados Unidos – e mesmo no passado, no governo William McKinley (1843-1901) –, o Partido Republicano é relativamente favorável ao dinheiro honesto e ao padrão-ouro, enquanto o Partido Democrata favorável à inflação. Obviamente, a uma inflação não de papel, e sim de prata.

No entanto, foi um presidente democrata nos Estados Unidos, Grover Cleveland (1837-1908), que, em fins da década de 1880, vetou uma decisão do Congresso de conceder uma pequena soma de auxílio – cerca de dez mil dólares – a uma comunidade que sofrera uma catástrofe. Esse presidente justificou seu veto escrevendo as seguintes palavras: "É dever do cidadão manter o governo, mas não dever do governo manter os cidadãos". Estas são palavras que todo estadista deveria escrever numa parede de seu gabinete, para mostrar aos que viessem pedir dinheiro.

Sinto-me bastante embaraçado diante da necessidade de simplificar essas questões. São tantos e tão complexos os problemas envolvidos no sistema monetário! E certamente não teria escrito volumes inteiros a respeito deles se fossem tão simples quanto parecem sê-lo aqui. Mas os fundamentos são precisamente estes: aumentando-se a quantidade de dinheiro, provoca-se o rebaixamento do poder de compra da unidade monetária. É isso o que desagrada àqueles cujos negócios privados são desfavoravelmente afetados por essa situação. São os que não se beneficiam da inflação que dela se queixam.

Se a inflação é má, e se todos sabem disso, por que se teria convertido numa espécie de estilo de vida em quase todos os países? Mesmo alguns dos países mais ricos sofrem da doença. Os Estados Unidos são hoje seguramente a mais rica nação do mundo, com o mais alto padrão de vida. Entretanto, quando se viaja pelo país, constata-se uma incessante referência à inflação e à necessidade de detê-la. Mas apenas se fala; não se age.

6 – Inflação e salários

Cabe, aqui, a apresentação de alguns fatos: após a Primeira Guerra Mundial, a Grã-Bretanha restabeleceu a equivalência entre o ouro e a libra, numa correspondência que vigorava antes da guerra. Isto é, elevou o valor da libra. Com isso, elevou-se o poder de compra dos salários de todos os trabalhadores. Num mercado desobstruído, tal alteração teria acarretado uma queda do salário nominal em dinheiro. Esta queda, por sua vez, teria compensado a alteração. Como resultado final, o salário *real* dos trabalhadores teria permanecido inalterado. Não temos tempo para discutir agora as razões disso. O fato é que os sindicatos da Grã-Bretanha não admitiram um ajustamento dos padrões salariais ao poder de compra mais elevado da unidade monetária; assim sendo, os salários reais foram consideravelmente acrescidos em decorrência daquela medida monetária. Isso representou uma verdadeira catástrofe para a Inglaterra, uma vez que a Grã-Bretanha é um país predominantemente industrial, obrigado, por um lado, a importar matérias-primas, produtos semiacabados e alimentos para sobreviver, e, por outro, a exportar bens manufaturados para pagar essas importações. Com a elevação do valor internacional da libra, os preços dos produtos ingleses subiram nos mercados externos, causando um declínio das vendas e exportações. Na verdade, para todos os efeitos, o que a Grã-Bretanha fez foi fixar os próprios preços à revelia do mercado mundial.

Foi impossível derrotar os sindicatos. É sabido o poder que, hoje, tem um sindicato. Assiste-lhe direito – praticamente o privilégio – do recurso à violência. E a determinação de um sindicato tem, portanto, ousemos dizê-lo, força equivalente à de um decreto governamental. O decreto governamental é uma ordem para cuja aplicação o aparelho governamental – a polícia – está pronto. É preciso obedecer-lhe, ou se terá problemas com a polícia.

Lamentavelmente temos hoje, em quase todos os países do mundo, um segundo poder, depois do governo, com condições para exercer a força: são os sindicatos trabalhistas. Essas entidades determinam os salários, bem como as greves que os devem impor, da mesma maneira que o governo poderia decretar um salário mínimo. Não discutirei o sindicato agora;

tratarei dele depois. Quero apenas deixar claro que a política sindical consiste em elevar os padrões salariais *acima* do nível que estes alcançariam num mercado desobstruído. Em consequência disso, uma parte considerável da população potencialmente ativa só pode ser empregada por pessoas físicas ou por indústrias que tenham condições de suportar prejuízos. E uma vez que os negócios não têm como se manter sob a sangria de prejuízos, fecham as portas e os trabalhadores perdem o emprego. A fixação de padrões salariais superiores aos que se estabeleceriam num mercado desimpedido redunda inevitavelmente no desemprego de parcela ponderável da população ativa.

Na Grã-Bretanha, a imposição de altos padrões salariais pelos sindicatos trabalhistas teve como consequência um desemprego prolongado, que durou anos a fio. Milhões de trabalhadores ficaram desempregados, os índices de produção caíram. Até os *experts* ficaram perplexos. Diante desse quadro, o governo inglês deu um passo que se lhe afigurou como uma medida de emergência indispensável: *desvalorizou* a moeda corrente do país.

O poder de compra dos salários em dinheiro – em cuja manutenção os sindicatos tanto haviam insistido – deixou de ser o mesmo. Os salários reais, os salários em mercadorias, foram reduzidos. Agora, o trabalhador já não podia comprar o mesmo que antes, embora os padrões nominais dos salários tivessem permanecido os mesmos. Procurou-se, por intermédio da adoção dessa medida, promover o retorno dos padrões salariais *reais* aos níveis do mercado livre para que, consequentemente, tivesse lugar o desaparecimento do desemprego.

Essa medida – a desvalorização – foi adotada por muitos outros países, como a França, os Países Baixos e a Bélgica. A Tchecoslováquia chegou a recorrer a ela duas vezes no período de um ano e meio. A desvalorização tornou-se um método sub-reptício, digamos assim, de frustrar o poder dos sindicatos. No entanto, como veremos, esse método também não pode ser considerado verdadeiramente eficiente.

Alguns anos depois, os trabalhadores – e também os sindicatos – começaram a compreender o que se passava. O povo começou a se dar conta de que a desvalorização do dinheiro reduzia seu salário real. Os sindicatos tinham força suficiente para se opor a isso. Em muitos países, inseriu-se nos contratos salariais uma cláusula que estipulava que os salários em dinheiro deveriam ser automaticamente majorados quando os preços também o fossem. A isto se chama *indexar.* Os sindicatos haviam tomado consciência da existência de índices. Assim, aquele método de reduzir o desemprego inaugurado pela Grã-Bretanha em 1931 – e adotado posteriormente por quase todos os governos importantes –, já não mais funciona nos nossos dias como método de "resolver o desemprego".

Em 1936, na obra *The General Theory of Employment, Interest and Money* [*A Teoria Geral do Emprego, do Juro e da Moeda*] lorde Keynes deploravelmente elevou esse método – aquelas medidas de emergência do período 1929-1933 – à categoria de princípio, ao *status* de sistema fundamental de política. Justificava a teoria dizendo mais ou menos o seguinte: "O desemprego é um mal. Se quiser que desapareça, inflacione o meio circulante".

Keynes percebeu muito bem que certos padrões salariais podem ser demasiado altos para o mercado, ou seja, podem ser altos demais para ser lucrativo a um empregador ampliar a quantidade de empregados que contrata e, portanto, serão, também altos demais do ponto de vista do conjunto da população economicamente ativa, uma vez que esses padrões salariais impostos pelos sindicatos, em níveis superiores aos do mercado, resultam em que apenas uma parcela dos que anseiam por salários conseguem emprego.

Então, Keynes afirmou o seguinte: "Sem dúvida, o desemprego em massa, prolongando-se ano após ano, é uma situação muito insatisfatória". Mas, em vez de sugerir que os níveis salariais podiam e deviam ser ajustados às condições de mercado, afirmou: "Se os trabalhadores não forem suficientemente espertos para perceber a desvalorização da moeda, não oferecerão resistência a uma queda dos níveis salariais reais, visto que os níveis nominais permanecerão os mesmos". Em outras palavras, lorde Keynes estava dizendo que, se receberem a mesma quantidade de libras esterlinas que ganhavam antes da desvalorização da moeda, as pessoas não se darão conta de que passaram, de fato, a ganhar menos.

Num linguajar claro, Keynes propôs que se ludibriassem os trabalhadores. Em vez de declarar abertamente que os padrões salariais devem ser ajustados às condições do mercado – porque, se não for assim, parte da população economicamente ativa ficará inevitavelmente desempregada –, afirmou, na verdade: "O pleno emprego só pode ser alcançado se houver inflação. Ludibriem os trabalhadores". O fato mais interessante, contudo, é que, quando sua *General Theory* foi publicada, a burla já não era possível, uma vez que as pessoas passaram a ter consciência da inflação. No entanto, a meta do pleno emprego permaneceu.

7 – Salários e Pleno Emprego

Que vem a ser "pleno emprego"? Essa expressão relaciona-se com o mercado de trabalho desobstruído, não manipulado pelos sindicatos ou pelo governo. Nesse mercado, os salários para cada tipo de trabalho tendem a atingir um nível tal que é possível, a todos os que desejam emprego, obtê-lo. Por outro lado, todo empregador terá condições de contratar tantos trabalhadores quantos lhe forem necessários. Se ocorrer um aumento da demanda de mão de obra, a ser mais altos, e se houver necessidade de menor número de trabalhadores, os salários tenderão a cair.

O único método que permite a instauração de uma situação de "pleno emprego" é a preservação de um mercado de trabalho livre de empecilhos. Isso se aplica a todo gênero de trabalho e a todo gênero de mercadoria.

Que faz um negociante, se deseja vender determinada mercadoria por cinco dólares a unidade? A expressão técnica que é aplicada no mundo dos negócios dos Estados Unidos para o fato de não se conseguir vender uma mercadoria pelo preço estipulado é "o estoque mantém-se inalterado". Entretanto, *deve* diminuir. O negociante não pode conservar aqueles artigos, porque tem necessidade de adquirir novas mercadorias; as modas mudam. Assim, ele os vende por um preço mais baixo. Se não conseguir vender a mercadoria por cinco dólares, certamente a venderá por quatro. Se for impossível vendê-la por quatro, será obrigado a vendê-la por três. Não há outra alternativa, desde que esteja empenhado em manter o negócio. Pode sofrer prejuízos, mas estes decorrem do fato de ter feito uma previsão errada do mercado existente para o produto.

O mesmo acontece com os milhares e milhares de jovens que, dia após dia, estão vindo da zona rural para a cidade, na expectativa de ganhar dinheiro. É o fenômeno de migração interna, que tem lugar em todas as nações industrializadas. Nos Estados Unidos, eles vêm para a cidade com a expectativa de que poderão ganhar, digamos, cem dólares por semana. As expectativas podem se frustrar. Então, aquele que não conseguiu um emprego que pagasse cem dólares por semana, ver-se-á obrigado a tentar conseguir algum que pague noventa, oitenta dólares, talvez até menos. Por outro lado, se essa pessoa declarasse, como fazem os sindicatos: "cem dólares por semana, ou nada", talvez só lhe restasse permanecer desempregada. Diga-

A Inflação

-se de passagem, muita gente não se incomoda com a situação de desemprego, uma vez que o governo paga auxílios-desemprego – com fundos arrecadados por meio de taxas específicas impostas aos empregadores – que por vezes são quase tão altos quanto os salários que receberiam caso estivessem trabalhando.

Nos Estados Unidos, só se aceita a inflação porque determinado grupo de pessoas acredita que é só por meio dela que o pleno emprego pode ser alcançado. No entanto, ainda a esse respeito, uma questão tem sido amplamente debatida: o que é preferível, dinheiro sólido e desemprego, ou inflação e pleno emprego? Trata-se, na verdade, de um círculo vicioso.

Tentemos analisar o problema. Logo de início, deve--se propor a seguinte questão: como podemos melhorar a situação dos trabalhadores e de todos os demais grupos da população? A resposta é: mantendo o mercado de trabalho livre de empecilhos e assim alcançando o pleno emprego. Nosso dilema é: os salários devem ser determinados pelo mercado, ou devem ser definidos por pressão e compulsão sindical? Portanto, o cerne da questão *não* reside na alternativa "inflação ou desemprego".

Aliás essa análise distorcida do problema vem sendo proposta na Inglaterra, nos países industrializados da Europa e até nos Estados Unidos. Há mesmo quem diga: "Vejam só: até os Estados Unidos estão recorrendo à inflação. Por que não deveríamos fazer o mesmo?"

A estes deveríamos responder em primeiro lugar: "Um dos privilégios do homem rico é poder se dar ao luxo de ser insensato por muito mais tempo que o pobre". E eis a situação dos Estados Unidos. A política financeira desse país é muito ruim, e está piorando. Mas certamente trata-se de um país capaz de arcar com os custos de sua insensatez por um prazo um pouco mais longo que o que seria tolerado por alguns outros países.

O mais importante a lembrar é que a inflação não é um ato de Deus, que a inflação não é uma catástrofe da natureza ou uma doença que se alastra como a peste. A inflação é uma *política* – uma política premeditada, adotada por pessoas que a ela recorrem por considerá-la um mal menor que o desemprego. No entanto, é fato que, a não ser em curtíssimo prazo, a inflação *não* cura o desemprego.

A inflação é uma política. E uma política pode ser alterada. Assim sendo, não há razão para nos deixarmos vencer por ela. Se a temos na conta de um mal, então é preciso estancá-la. É preciso equilibrar o orçamento do governo. Evidentemente, o apoio da opinião pública é necessário para isso. E cabe aos intelectuais ajudar o povo a compreender. Uma vez assegurado o apoio da opinião pública, os representantes eleitos do povo certamente terão condições de abandonar a política da inflação.

Devemos lembrar que, no longo prazo, poderemos estar todos mortos. Aliás, não restam dúvidas de que estaremos mesmo mortos. Entretanto, deveríamos cuidar de nossos assuntos terrenos – neste breve intervalo em que nos é dado viver – da melhor maneira possível. E uma das medidas necessárias para esse propósito é abandonar as políticas inflacionárias.

Quinta Lição

O Investimento Estrangeiro

Há quem atribua aos programas de liberdade econômica um caráter negativo. Dizem: "Que querem de fato os liberais? São contra o socialismo, a intervenção governamental, a inflação, a violência sindical, as tarifas protecionistas... Dizem 'não' a tudo".

Esta me parece uma apresentação unilateral e superficial do problema. É, sem dúvida, possível formular um programa liberal de forma *positiva*. Quando alguém afirma: "Sou contra a censura", não se torna negativo por isso. Na verdade, esta pessoa é a *favor* de os escritores terem o direito de determinar o que desejam publicar, sem a interferência do governo. Isso não é negativismo, é precisamente liberdade (é óbvio que, ao empregar o termo "liberal" com relação às condições do sistema econômico, tenho em mente o velho sentido *clássico* da palavra).

Hoje, grande parte das pessoas julga inadequadas as consideráveis diferenças de padrão de vida existentes entre muitos países. Dois séculos atrás, as condições da Grã-Bretanha eram muito piores que as condições atuais da Índia. Mas em 1750 os britânicos não se atribuíam os rótulos de "subdesenvolvidos" ou de "atrasados", pois não tinham como comparar a situação de seu país com a de outros que se encontrassem em condições econômicas mais satisfatórias. Hoje, todos os povos que não atingiram o padrão de vida médio dos Estados Unidos acreditam haver algo errado na sua situação econômica. Muitos deles se intitulam "países em desenvolvimento" e, nessa qualidade, reivindicam ajuda dos chamados países desenvolvidos ou superdesenvolvidos.

1 – Melhores ferramentas para aumentar a produção

Permitam-me explicar a realidade dessa situação. O padrão de vida é mais baixo nos chamados países em desenvolvimento porque os salários médios para os mesmos gêneros de trabalho são mais baixos nesses países que em alguns outros da Europa Ocidental, que no Canadá, no Japão, e especialmente nos Estados Unidos. Se investigarmos as razões dessa diferença, seremos obrigados a reconhecer que ela não decorre de uma inferioridade dos trabalhadores ou de outros empregados. Reina entre certos grupos de trabalhadores norte-americanos a tendência a se julgarem melhores que os outros povos – e que é graças aos próprios méritos que ganham salários mais altos que os trabalhadores dos demais países.

O Investimento Estrangeiro

Bastaria a um trabalhador norte-americano visitar outro país – digamos a Itália, de onde tantos deles são originários – para constatar que *não* são as qualidades pessoais, mas as condições do país, que lhe possibilitam receber salários menos ou mais elevados. Se um siciliano migrar para os Estados Unidos, em pouco tempo poderá conferir os salários correntes neste país. E, se retornar à Sicília, o mesmo homem verificará que sua permanência nos Estados Unidos não lhe conferiu qualidades que lhe permitissem auferir, na Sicília, salários superiores aos de seus conterrâneos.

Essa situação econômica tampouco pode ser explicada a partir do pressuposto de que os empresários americanos sejam superiores aos empresários dos demais países. É fato que – exceção feita ao Canadá, à Europa Ocidental e a certas regiões da Ásia – o equipamento das fábricas e os processos tecnológicos são, de modo geral, inferiores aos utilizados nos Estados Unidos. Mas isso não é fruto da ignorância dos empresários desses países "subdesenvolvidos". Eles têm perfeita consciência de que as fábricas dos Estados Unidos e do Canadá são muito mais bem equipadas. E são muito bem informados sobre tecnologia, uma vez que são obrigados a se manterem em dia. Ao faltarem as informações, esses empresários buscam outros meios para suprir suas deficiências: recorrem, então, a manuais e revistas técnicas que divulgam esse conhecimento.

A diferença, repetimos, não reside na inferioridade pessoal nem na ignorância. A diferença está na disponibilidade de capital, na quantidade acessível de bens de capital. Em outras palavras, o montante de capital investido *per capita* é maior nas chamadas nações avançadas que nas nações em desenvolvimento.

Um empresário não pode pagar a um trabalhador mais que a soma adicionada pelo trabalho desse empregado ao valor do produto. Não lhe pode pagar mais que aquilo que os clientes se dispõem a pagar pelo trabalho *adicional* desse trabalhador individual. Se lhe pagar mais, não recuperará tal despesa daquilo que auferirá dos clientes. Sofrerá prejuízos, e além disso, como já ressaltei várias vezes, e é do conhecimento geral, um negociante submetido a prejuízos é obrigado a mudar os métodos empresariais, caso contrário, irá à bancarrota.

Os economistas dizem que "os salários são determinados pela produtividade marginal da mão de obra". Esta afirmativa não é mais que outra formulação do que acabamos de expor. Não se pode negar o fato de que a escala salarial é determinada pelo montante em que o trabalho de um indivíduo aumenta o valor do produto. Dispondo de instrumentos de alta qualidade e eficiência, uma pessoa poderá realizar, em uma hora de trabalho, muito mais que outra que, também durante uma hora, trabalhe com instrumentos menos aperfeiçoados e menos eficientes. É óbvio que cem homens que trabalhem numa fábrica de calçados nos Estados Unidos produzam muito mais, no mesmo prazo, que cem sapateiros na Índia, obrigados a utilizar ferramentas antiquadas, num processo menos sofisticado.

Os empregadores de todas essas nações em desenvolvimento estão perfeitamente cônscios de que melhores instrumentos tornariam suas empresas mais lucrativas. Certamente gostariam de poder não só aumentar o número de suas fábricas como também adquirir instrumentos mais modernos e sofisticados. O único empecilho é a escassez de capital. A diferença entre as nações mais desenvolvidas e as menos desenvolvidas se estabelece em função do tempo. Os ingleses começaram a poupar antes de todas as outras nações. Consequentemente, também começaram antes a acumular capital e a investi-lo em negócios. Este foi o fator primordial para que se alcançasse, na Grã-Bretanha, um padrão de vida bastante elevado numa época em que, em todos os outros países europeus, prevalecia ainda um padrão consideravelmente baixo. Pouco a pouco, todas as demais nações começaram a analisar o que ocorria na Grã-Bretanha e não lhes foi difícil descobrir a razão da riqueza desse país. Assim, puseram-se a imitar os métodos dos empresários ingleses.

De qualquer modo, o fato de outras nações só terem começado depois seus investimentos e de os britânicos não terem parado de investir capital fez estabelecer uma grande diferença entre as condições econômicas da Inglaterra e as desses outros países. Mas ocorreu algo que fez desaparecer a vantagem inicial da Grã-Bretanha.

2 – Investimento estrangeiro britânico

Aconteceu, então, o fato mais importante da história do século XIX – e não me refiro apenas à história de um só país. Trata-se da expansão, no século XIX, do *investimento estrangeiro*. Em 1817, o grande economista inglês David Ricardo (1772-1823) ainda considerava ponto pacífico que só se poderia investir capital nos limites de um país. Não considerava a hipótese de os capitalistas virem a investir no exterior. Entretanto, algumas décadas depois, o investimento de capital no exterior começou a desempenhar um papel de importância primordial no mundo dos negócios.

Sem esse investimento de capital, as nações menos desenvolvidas que a Grã-Bretanha teriam sido obrigadas a iniciar o desenvolvimento utilizando-se dos mesmos métodos e tecnologia usados pelos britânicos em princípio e meados do século XVIII. Seria preciso procurar imitá-los lentamente, passo a passo. E sempre se estaria muito aquém do nível tecnológico da economia britânica, de tudo o que os britânicos já tinham realizado.

Teriam sido necessárias muitas e muitas décadas para que esses países atingissem o padrão de desenvolvimento tecnológico alcançado, mais de um século antes, pela Grã-Bretanha. Assim, o investimento estrangeiro constituiu-se num fator preponderante de auxílio para que esses países iniciassem o desenvolvimento.

O investimento estrangeiro significava que capitalistas britânicos investiam capital britânico em outras partes do mundo. Primeiro, investiram-no naqueles países europeus que, do ponto de vista da Grã-Bretanha, se apresentavam como carentes de capital e atrasados em seu desenvolvimento. É do conhecimento de todos que as estradas de ferro da maioria dos países

O Investimento Estrangeiro

da Europa – e também as dos Estados Unidos – foram construídas com a ajuda do capital britânico. Aliás, o mesmo se passou aqui na Argentina.

As companhias de gás, em todas as cidades da Europa, eram também britânicas. Em meados da década de 1870, um escritor e poeta inglês criticou os compatriotas dizendo: "Os britânicos perderam o antigo vigor e já não têm uma só ideia nova. Deixaram de ser uma nação importante ou de vanguarda". A isto, Herbert Spencer (1820-1903), o eminente sociólogo inglês, respondeu: "Olhe para a Europa continental. Todas as capitais europeias têm iluminação porque uma companhia britânica lhes fornece gás". Isso se passou, é claro, numa época que hoje se nos afigura como a época "remota" da iluminação a gás. Spencer disse ainda mais a esse crítico: "Você afirma que os alemães estão muito à frente da Grã-Bretanha. Olhe para a Alemanha: até mesmo Berlim, a capital do *Reich* alemão, a capital do *Geist*, ficaria às escuras se uma companhia britânica de gás não tivesse entrado no país e iluminado as ruas".

Foi também o capital britânico que, nos Estados Unidos, implantou as estradas de ferro e deu início a diversos ramos industriais. É evidente que, ao importar capital, o país passa a ter uma balança comercial que os não-economistas qualificam de "desfavorável". Isso significa que suas importações excedem as exportações. A "balança comercial favorável" da Grã-Bretanha devia-se ao fato de que suas fábricas enviavam muitos tipos de equipamento para os Estados Unidos e tinham como pagamento simplesmente ações de companhias norte-americanas. Esse período da história dos Estados Unidos durou, aproximadamente, até a década de 1890.

Mas, quando os Estados Unidos, com a ajuda do capital britânico – e depois com a ajuda das próprias políticas pró-capitalistas –, expandiu o sistema econômico de uma maneira inédita, os norte-americanos começaram a comprar de volta o capital acionário que haviam vendido a estrangeiros. Os Estados Unidos passaram a ter, então, um excesso de exportações em relação às importações. A diferença a seu favor era paga pela importação – a repatriação, como a chamavam – das ações ordinárias norte-americanas.

Essa fase durou até a Primeira Guerra Mundial. O que aconteceu depois é outra história. É a história dos auxílios norte-americanos aos países beligerantes durante a Primeira e a Segunda Guerra Mundial, bem como no entreguerras e após: os empréstimos, os investimentos feitos na Europa, além do *lend-lease*, da ajuda externa, do Plano Marshall, dos alimentos enviados para outros países e de todos os demais subsídios. Friso isso porque não são poucos os que acreditam ser vergonhoso ou degradante ter capital estrangeiro operando em seu país. Devemos nos dar conta de que em todos os países, exceto a Inglaterra, o investimento de capital de origem estrangeira sempre desempenhou um papel da mais considerável importância para a implantação de indústrias modernas.

Se afirmo que o investimento estrangeiro foi o maior acontecimento histórico do século XIX, faço-

-o no desejo de lembrar tudo aquilo que nem sequer existiria se não tivesse havido nenhum investimento estrangeiro. Todas as estradas de ferro, inúmeros portos, fábricas e minas da Ásia, o Canal de Suez e muitas outras coisas no hemisfério ocidental não teriam sido construídas, não fosse o investimento estrangeiro.

3 – Hostilidade aos investimentos estrangeiros

O investimento estrangeiro é feito na expectativa de que não será expropriado. Ninguém investiria coisa alguma se soubesse de antemão que seus investimentos seriam objeto de expropriação. No século XIX e no início do século XX, não se cogitava disso. Desde o princípio havia, por parte de alguns países, certa hostilidade em relação ao capital estrangeiro. No entanto, apesar da hostilidade, estes países, em sua maior parte, compreendiam muito bem que os investimentos estrangeiros lhes propiciavam imensas vantagens.

Em alguns casos, os investimentos estrangeiros não eram destinados diretamente a capitalistas de outros países: realizavam-se indiretamente, por meio de empréstimos concedidos ao governo do país estrangeiro. Neste caso, era o governo que aplicava o dinheiro em investimentos. Foi este, por exemplo, o caso da Rússia. Por razões puramente políticas, os franceses investiram nesse país – nas duas décadas que precederam a Primeira Guerra Mundial – cerca de vinte bilhões de francos de ouro, sobretudo na forma de empréstimos ao governo. Todos os grandes empreendimentos desse governo – como, por exemplo, a ferrovia que liga a Rússia, indo dos montes do Ural, através do gelo e da neve da Sibéria, até o Pacífico – foram realizados basicamente com capital estrangeiro emprestado ao governo russo. Como é fácil presumir, os franceses nem sequer imaginavam que, de um momento para outro, se implantaria um governo russo comunista que simplesmente declararia não pretender pagar os débitos contraídos pelos predecessores do governo czarista.

A partir da Primeira Guerra Mundial, teve início um período de guerra declarada aos investimentos estrangeiros. Uma vez que não há nenhuma medida capaz de impedir um governo de expropriar capital investido, praticamente inexiste proteção legal para os investimentos estrangeiros no mundo de hoje. Os capitalistas dos países exportadores de capital não previram isso: se o tivessem feito, teriam sustado todos os investimentos estrangeiros há quarenta ou cinquenta anos atrás. Na verdade, os capitalistas não acreditavam que algum país pudesse ser antiético o bastante para descumprir uma dívida, para expropriar e confiscar capital estrangeiro. Com este tipo de ação, inaugurou-se um novo capítulo na história econômica do mundo.

Encerrado o glorioso período do século XIX, em que o capital estrangeiro fomentou, em todas as partes do mundo, a implantação de modernos métodos de transporte, de fabricação, de mineração e de tecnologia agrícola, inaugurou-se uma nova era em que governos e partidos políticos passaram a ter o investidor

O Investimento Estrangeiro

estrangeiro na conta de um *explorador* a ser escorraçado do país.

Os russos não foram os únicos a incorrer nessa atitude anticapitalista. Basta lembrar, por exemplo, a expropriação dos campos de petróleo norte-americanos no México, bem como tudo o que se passou aqui na Argentina, sobre o que nem preciso discutir.

A situação no mundo de hoje, gerada pelo sistema de expropriação do capital estrangeiro, consiste ou na expropriação direta ou naquela realizada indiretamente, por meio do controle do câmbio exterior ou da discriminação através de impostos. Este é sobretudo um problema de nações em desenvolvimento.

Tomemos, por exemplo, a maior dessas nações: a Índia. Sob o sistema britânico, investiu-se, neste país, predominantemente capital britânico, embora também tenha havido investimentos de capital originário de outros países da Europa. Além disso, os britânicos exportaram para a Índia algo extremamente importante, que precisa ser mencionado neste contexto: exportaram métodos modernos de combate a doenças contagiosas. O resultado foi um extraordinário aumento da população do país que, por sua vez, gerou um terrível agravamento dos problemas. Ante essa situação cada vez mais grave, a Índia optou pela expropriação como meio de enfrentar suas dificuldades. No entanto, essa expropriação não foi sempre efetuada de maneira direta: a hostilização do governo aos capitalistas estrangeiros se mostrava nos empecilhos criados para seus investimentos. Como consequência, só restava aos capitalistas liquidarem seus negócios.

A Índia podia, é óbvio, obter capital por outro método: o da acumulação *interna*. Mas trata-se de um país tão hostil à acumulação interna de capital quanto aos capitalistas estrangeiros. O governo indiano declara pretender industrializar o país, mas o que de fato tem em mente é instituir empresas *socialistas*.

Alguns anos atrás, o famoso estadista Jawaharlal Nehru (1889-1964) publicou uma coletânea de discursos. O livro foi lançado no intuito de tornar os investimentos estrangeiros na Índia mais atraentes. O governo indiano não é contrário ao capital estrangeiro antes que este seja investido. A hostilidade só começa quando já está investido. Nesse livro – cito literalmente – o sr. Nehru diz: "Desejamos, é claro, socializar. Mas não somos contrários à iniciativa privada. Desejamos encorajar de todas as maneiras a iniciativa privada. Queremos afiançar aos empresários que investem no país que não os expropriaremos ou os socializaremos num prazo de dez anos, talvez até por mais tempo". E ele supunha estar fazendo um convite estimulante!

4 – Governos dificultam a poupança

No entanto, o problema real – como sabem todos aqui presentes – está na acumulação interna de capital. Em todos os países, são extremamente altos os impostos que, hoje, pesam sobre as companhias. Na verdade, elas sofrem uma dupla tributação. Além de haver uma severa taxação sobre os lucros, há ainda outra

O Investimento Estrangeiro

taxação sobre os dividendos que pagam aos acionistas. E esta tributação é feita de maneira progressiva.

A tributação progressiva da renda e dos lucros tem como resultado o fato de que precisamente aquelas parcelas da renda que se tenderia a poupar e a investir são consumidas no pagamento de tributos. Tomemos o exemplo dos Estados Unidos. Há alguns anos, havia um imposto sobre "excesso de lucros": de cada dólar ganho, a companhia restavam apenas dezoito centavos de dólar. Quando esses 18 centavos eram pagos aos acionistas, aqueles que possuíam um grande número de ações tinham de pagar, sobre essa cota, como imposto, um percentual de 16%, 18% ou até mais. Assim, de um dólar de lucro, aos acionistas restavam cerca de sete centavos de dólar, ficando o governo com os 93 restantes. A maior parte desses 93% que, nas mãos do acionista, teria sido economizada e investida, é utilizada pelo governo nas despesas comuns. É esta a política dos Estados Unidos.

Espero ter deixado claro que a política dos Estados Unidos não é *um* exemplo a ser imitado por outros países. Essa política dos Estados Unidos é pior do que ruim – ela é *insana*. Quero apenas ressalvar que um país rico tem mais condições de suportar más políticas que um país pobre. Nos Estados Unidos, a despeito desses métodos de tributação, ainda se verifica, todos os anos, alguma acumulação adicional de capital que reverte em investimentos. Permanece ainda, consequentemente, uma tendência à elevação do padrão de vida.

Entretanto, em muitos outros países o problema é extremamente mais crítico. Além de não haver – ou de não haver em volume suficiente – poupança interna, o investimento de capital oriundo do estrangeiro é severamente reduzido em decorrência da franca hostilidade existente em relação ao investimento estrangeiro. Como podem estes países falar de industrialização, da necessidade de criar novas fábricas, de atingir melhores condições econômicas, de elevação do padrão de vida, de obtenção de salários mais elevados, de implantar melhores meios de transporte, se adotam uma prática que terá exatamente o efeito oposto? O que suas políticas fazem efetivamente, quando criam obstáculos ao ingresso do capital estrangeiro, é impedir ou retardar a acumulação interna de capital.

O resultado final é, certamente, extremamente negativo. Como não podia deixar de ser, decorre de tudo isso uma acentuada perda de confiança: existe hoje, no mundo todo, um crescente descrédito na viabilidade de investir no exterior. Ainda que os países interessados em conseguir novos capitais se empenhassem em mudar imediatamente suas políticas e fizessem toda a sorte de promessas, é muito duvidoso que pudessem, mais uma vez, estimular os capitalistas estrangeiros a neles investirem.

É evidente que existem métodos para evitar essas consequências. Uma medida possível seria o estabelecimento de alguns estatutos internacionais – e não somente de acordos – que retirassem os investimentos estrangeiros da jurisdição nacional. Isso poderia ser feito por intermédio da Organização das Nações Unidas (ONU). Mas a ONU não passa de um lugar de encontro para discussões inócuas. Tendo em vista a enorme importância do investimento estrangeiro, percebendo com clareza que só ele pode trazer melhorias para as condições políticas e econômicas do mundo, precisamos tentar fazer algo em termos de legislação internacional.

Esta é uma questão legal, de cunho técnico, que estou levantando apenas para mostrar que a situação não é desesperadora. Se o mundo quiser efetivamente tornar possível que os países em desenvolvimento elevem o padrão de vida, chegando ao "estilo de vida norte-americano", isso poderá ser feito. É necessário apenas compreender *como* isso poderia ser feito.

5 – Países em desenvolvimento necessitam de capital

Uma única coisa falta para tornar os países em desenvolvimento tão prósperos quanto os Estados Unidos: *capital*. No entanto, é imprescindível que haja liberdade para empregá-lo sob a disciplina do mercado, não sob a do governo. É preciso que estas nações acumulem capital interno e viabilizem o ingresso do capital estrangeiro.

No entanto, faz-se necessário frisar, mais uma vez, que o desenvolvimento da poupança interna só tem lugar quando as camadas populares se sentem respaldadas por um sistema econômico que propicie a existência de uma unidade monetária estável. Em outras palavras, não se pode admitir *nenhuma* modalidade de inflação.

Grande parte do capital empregado nas empresas norte-americanas é de propriedade dos próprios trabalhadores e de outras pessoas de recursos modestos. Bilhões e bilhões de depósitos de poupança, títulos de dívida e apólices de seguro operam nessas empresas. Hoje, no mercado financeiro dos Estados Unidos, os maiores emprestadores de dinheiro já não são os bancos, mas as companhias seguradoras. E, do ponto de vista econômico – e não do legal –, o dinheiro das seguradoras é propriedade do segurado. E praticamente todos os cidadãos norte-americanos são, de uma forma ou de outra, segurados.

O requisito fundamental para que haja, no mundo, uma maior igualdade econômica é a industrialização. E esta só se torna possível quando há maior acumulação e investimento de capital. Talvez eu os tenha surpreendido por não mencionar uma medida reputada primordial na industrialização de um país: o protecionismo. Mas as tarifas e controles do câmbio exterior são exatamente meios de *impedir* a importação de capital e a industrialização do país. A única maneira de fomentar a industrialização é dispor de mais capital. O protecionismo não faz mais que desviar investimentos de um ramo de negócios para outro.

Por si mesmo, o protecionismo não acrescenta coisa alguma ao capital de um país. Para implantar uma nova fábrica, precisa-se de capital. Para modernizar uma já existente, precisa-se de capital, não de tarifas.

O Investimento Estrangeiro

Não se trata, aqui, de discutir toda a questão do comércio livre ou do protecionismo. Espero que a maior parte dos manuais de economia que se encontram no mercado, ao alcance de todos, já a apresentem adequadamente. A proteção não introduz melhoras na situação econômica de um país. Também o sindicalismo *certamente* não promove melhoria alguma nessa situação. Se as condições de vida são insatisfatórias e os salários são baixos, o assalariado que tenha sua atenção voltada para os Estados Unidos e que leia sobre o que ali se passa, ao ver em filmes, como a casa de um americano médio é equipada de todos os confortos modernos, pode sentir uma ponta de inveja. E tem toda razão ao dizer: "Deveríamos ter a mesma coisa". Mas só se pode obter essa melhoria por intermédio do aumento do capital.

Os sindicatos recorrem à violência contra os empresários e contra os que chamam de "fura-greves". Entretanto, a despeito da força e da violência, não conseguem elevar de maneira contínua os salários de todos os assalariados. Igualmente ineficazes são os decretos governamentais que estipulam pisos salariais. O que os sindicatos conseguem *de fato* produzir (quando são bem-sucedidos na luta pela elevação dos salários) é um desemprego duradouro, permanente.

Os sindicatos não têm como industrializar o país, não têm como elevar o padrão de vida dos trabalhadores. E esse é o ponto crítico. É preciso compreender que todas as políticas de um país desejoso de elevar seu padrão de vida devem estar voltadas para o aumento do capital investido *per capita*. Aliás, esse investimento de capital *per capita* continua a crescer nos Estados Unidos, apesar de todas as más políticas aí adotadas. E o mesmo ocorre no Canadá e em alguns países da Europa Ocidental. Mas, lamentavelmente, vem-se reduzindo em países como a Índia.

Lemos todos os dias nos jornais que a população mundial apresenta um crescimento de cerca de 45 milhões de pessoas – ou até mais – por ano. Aonde isso nos vai levar? Quais serão os resultados e as consequências? Lembrem-se do que falei sobre a Grã-Bretanha. Em 1750, os britânicos supunham que seis milhões de pessoas constituíam uma população excessiva para as Ilhas Britânicas: todos estariam fadados à fome e à peste. No entanto, nas vésperas da última Guerra Mundial, em 1939, cinquenta milhões de pessoas viviam nas Ilhas Britânicas com um padrão de vida incomparavelmente superior ao padrão com que se vivia em 1750. Isso era um efeito da chamada industrialização – termo, por sinal, bastante inadequado.

O progresso da Grã-Bretanha foi gerado pelo aumento do investimento de capital *per capita*. Como já disse antes, as nações só têm uma maneira de alcançar a prosperidade: por meio do aumento do capital, com o decorrente aumento da produtividade marginal e o crescimento dos salários reais. Num mundo sem barreiras migratórias, haveria uma tendência à equiparação dos padrões salariais de todos os países. Atualmente, se não existissem barreiras à migração, é

O Investimento Estrangeiro

provável que vinte milhões de pessoas procurassem ingressar nos Estados Unidos a cada ano, atraídas pelos melhores salários aí oferecidos. Tal afluência provocaria a redução dos salários nesse país e uma correspondente elevação em outros.

6 – Migração de capitais aumenta os salários

Embora não haja tempo suficiente nesta exposição para tratarmos das barreiras migratórias, é importante deixar claro que há outro caminho capaz de levar à equiparação salarial no mundo inteiro. E este outro caminho, que passa a valer quando não existe a liberdade para migrar, é a migração *de capital*. Os capitalistas tendem a se deslocar para aqueles países onde a mão de obra é abundante e barata. E, pelo próprio fato de introduzirem capital nesses países, provocam uma tendência à elevação dos salários. Isso funcionou no passado e funcionará no futuro do mesmo modo.

Quando houve, pela primeira vez, investimento de capital britânico na Áustria ou na Bolívia, por exemplo, os padrões salariais ali estabelecidos eram muito inferiores aos que prevaleciam na Grã-Bretanha. Esse investimento adicional originou, então, uma tendência à alta dos salários nesses países, tendência esta que se refletiu no mundo inteiro. É um fato bastante conhecido que, imediatamente após a introdução, por exemplo, da United Fruit Company (UFCO) na Guatemala, o resultado foi uma tendência geral a maiores salários. A partir dos salários pagos pela UFCO criou-se, para os demais empregadores, a necessidade de pagar, também, salários mais elevados. Portanto, não há absolutamente razão para pessimismo algum em relação ao futuro dos países "subdesenvolvidos".

Concordo plenamente com os comunistas e com os sindicalistas quando proclamam que é necessário elevar o padrão de vida. Pouco tempo atrás, num livro publicado nos Estados Unidos, dizia um professor: "Temos agora o bastante de todas as coisas; por que deveria a população do mundo continuar trabalhando tanto? Já temos tudo". Não tenho a menor dúvida de que esse professor tenha tudo. Entretanto, há outros povos, em outros países – e também muitas pessoas nos Estados Unidos – que desejam e deveriam ter um melhor padrão de vida.

Fora dos Estados Unidos – na América Latina e, mais ainda, na Ásia e na África – todos desejam a melhoria das condições do seu país. Um padrão de vida mais alto acarreta, também, padrões superiores de cultura e de civilização.

Assim, concordo plenamente com a meta final de elevar o padrão de vida em toda parte. Mas discordo no tocante às medidas a serem adotadas para a consecução desse objetivo. Que medidas levarão a atingir esta meta? Certamente não é a proteção, nem a interferência governamental, nem o socialismo, ou a violência dos sindicatos (eufemisticamente chamada de acordo coletivo, mas que se constitui, de fato, numa barganha *sob a mira do revólver*).

Alcançar a meta final de elevação do padrão de vida em toda parte é um processo bastante lento. Para alguns, talvez demasiadamente lento. No entanto, não há atalhos para o paraíso terrestre. Leva tempo, é necessário trabalhar. Contudo, não será preciso tanto tempo quanto muitos imaginam. A equiparação virá finalmente.

Por volta de 1840, na região ocidental da Alemanha – na Suábia e em Württemberg, que eram na época áreas das mais industrializadas do mundo –, dizia-se: "Jamais conseguiremos atingir o nível dos britânicos. Os ingleses têm a vantagem do precursor e estarão sempre à nossa frente". Trinta anos depois, diziam por sua vez os britânicos: "Essa concorrência alemã é intolerável, temos de dar um jeito nisso". Por essa época, é claro, o padrão alemão experimentava uma rápida elevação, muito embora apenas se aproximasse do padrão britânico. Hoje, a renda *per capita* alemã nada fica a dever à britânica.

No centro da Europa, existe um pequeno país, a Suíça, muito pouco aquinhoado pela natureza. Não tem minas de carvão, não tem minérios, não tem recursos naturais. Entretanto, ao longo de séculos, seu povo praticou uma política capitalista e erigiu o mais elevado padrão de vida da Europa continental. Esse país situa-se, agora, entre os mais destacados centros de civilização do mundo. Não vejo por que um país como a Argentina – muito maior que a Suíça, tanto em população quanto em extensão territorial – não poderia alcançar o mesmo elevado padrão de vida ao cabo de alguns anos de boas políticas. Mas – como já o frisei – é imprescindível que as políticas sejam boas.

SEXTA LIÇÃO

Política e Ideias

No Século das Luzes, nos anos em que os norte-americanos instituíram sua independência, e alguns anos depois, quando as colônias espanholas e portuguesas se transformaram em nações independentes, predominava na civilização ocidental um espírito de otimismo. Nessa época, todos os filósofos e estadistas estavam plenamente convencidos de que vivíamos o alvorecer de uma nova era de prosperidade, progresso e liberdade. Alimentava-se naqueles dias a esperança de que as novas instituições políticas – os governos representativos constitucionais estabelecidos nas nações livres da Europa e da América – atuariam de forma muito benéfica, e que a liberdade econômica promoveria a permanente melhoria das condições materiais da humanidade.

Sabemos perfeitamente que algumas dessas expectativas eram demasiado otimistas. Não há dúvida de que experimentamos, nos séculos XIX e XX, um progresso sem precedentes das condições econômicas, progresso este que tornou possível a uma população muito maior viver num padrão de vida muito superior ao de épocas anteriores. Mas sabemos também que muitas das esperanças dos filósofos do século XVIII foram atrozmente estilhaçadas – esperanças de que não haveria mais guerras e de que as revoluções se tornariam desnecessárias. Essas esperanças não se concretizaram.

Durante o século XIX, houve um período em que as guerras diminuíram, tanto em número quanto em gravidade. Mas o século XX trouxe um ressurgimento do espírito belicoso, e temos boas razões para dizer que talvez ainda não tenhamos chegado ao fim das provações que a humanidade deverá atravessar.

1 – Ideias políticas e econômicas

O sistema constitucional introduzido em fins do século XVIII e início do XIX frustrou a humanidade. A maioria das pessoas – e dos autores – que tratou desse problema parece pensar que não houve relação entre os aspectos político e econômico do problema. Tende-se, por conseguinte, a considerar o fenômeno da deterioração do parlamentarismo – governo exercido pelos representantes do povo – como se fosse um fenômeno desvinculado da situação econômica e das concepções econômicas que determinam as atividades das pessoas.

Essa separação, no entanto, não existe. O homem não é um ser que tenha, por um lado, uma dimensão econômica e, por outro, uma dimensão política, dissociadas uma da outra. Na verdade, aquilo a que comumente se dá o nome de deterioração da liberdade, do governo constitucional e das instituições representativas, nada mais é que a consequência da mudança radical das ideias políticas e econômicas. Os eventos políticos são a consequência inevitável da mudança das políticas econômicas.

As ideias que nortearam os estadistas, filósofos e juristas que, no século XVIII e princípio do século XIX, elaboraram os fundamentos do novo sistema político, partiam do pressuposto de que, numa nação, todos os cidadãos honestos têm uma mesma meta final. Essa meta final, na qual todos os homens decentes se deveriam empenhar, é o bem-estar de toda a nação, assim como o das demais nações. Aqueles líderes morais e políticos estavam, portanto, firmemente convencidos de que uma nação livre não está interessada em conquista. Julgavam a luta partidária algo simplesmente natural, uma vez que lhes parecia totalmente normal a existência de diferenças de opinião no tocante à melhor maneira de se conduzirem os negócios do Estado.

As pessoas que tinham ideias semelhantes acerca de um problema cooperavam, e a essa cooperação dava-se o nome de partido. Por outro lado, a estrutura partidária não era permanente: não se baseava na posição ocupada pelos indivíduos no conjunto da estrutura social e podia sofrer alterações, caso as pessoas se dessem conta de que sua posição original se fundamentara em pressupostos errôneos, ou em ideias equivocadas. Desse ponto de vista, muitos consideravam as discussões desenroladas nas campanhas eleitorais e, posteriormente, nas assembleias legislativas, um importante fator político. Não concebiam os discursos dos membros de um congresso como meros pronunciamentos que anunciavam ao mundo as aspirações de um partido político. Viam-nos como tentativas de convencer os grupos adversários de que as ideias apresentadas pelo orador eram mais corretas, mais propícias ao bem comum que outras ideias antes apresentadas.

Discursos políticos, editoriais em jornais, folhetos e livros eram escritos no intuito de persuadir. Não havia por que acreditar ser impossível para alguém convencer a maioria da absoluta correção das próprias ideias, desde que estas fossem bem fundamentadas. Foi nessa perspectiva que as normas constitucionais foram formuladas nos órgãos legislativos do princípio do século XIX.

No entanto, partia-se do pressuposto de que o governo não interferiria nas condições econômicas do mercado. E, também, presumia-se que todos os cidadãos tivessem um único objetivo político: o bem-estar de todo o país e de toda a nação. E foi precisamente essa a filosofia social e econômica que o intervencionismo veio a suplantar, gerando uma filosofia totalmente diversa.

2 – Política dos grupos de pressão

Segundo as concepções intervencionistas, é dever do governo apoiar, subsidiar, conceder privilégios a grupos específicos. O estadista do século XVIII pensava que os legisladores tinham ideias específicas sobre o bem comum. Hoje, entretanto, constatamos, na realidade da vida política – praticamente na de todos os países do mundo onde não vigora simplesmente uma ditadura comunista – uma situação em que já não existem partidos políticos autênticos, no velho sentido clássico, mas tão somente *grupos de pressão*.

Um grupo de pressão é um grupo de pessoas desejoso de obter um privilégio à custa do restante da nação. Esse privilégio pode consistir numa tarifa sobre importações competitivas, pode consistir em leis que impeçam a concorrência de outros. Seja como for, confere aos membros de um grupo uma posição especial. Dá-lhes algo que é negado, ou deve ser negado – segundo os desígnios do grupo de pressão – a outros grupos.

Nos Estados Unidos, o sistema bipartidário dos velhos tempos aparentemente ainda se conserva. Mas isso é apenas uma camuflagem da situação real. Na verdade, a vida política desse país – bem como a de todos os demais – é determinada pela luta e pelas aspirações de grupos de pressão. Nos Estados Unidos, continuam a existir um Partido Republicano e um Partido Democrata, mas cada um deles abriga representantes dos mesmos grupos de pressão. Estes representantes estão mais interessados em cooperar com outros representantes do mesmo grupo, mesmo que sejam filiados ao partido adversário, que com os esforços dos próprios companheiros de partido.

Assim, por exemplo, se conversarmos nos Estados Unidos com pessoas que efetivamente conheçam as atividades do Congresso, elas nos dirão: "Tal político, tal membro do Congresso representa os interesses dos grupos ligados à prata". Ou dirão que tal outro político representa os plantadores de trigo. Como é óbvio, cada um desses grupos de pressão constitui, necessariamente, uma minoria. Num sistema baseado na divisão do trabalho, todo grupo especial que almeja privilégios não pode deixar de ser uma minoria. E as minorias não têm nenhuma possibilidade de êxito, senão pela colaboração com outras minorias congêneres, ou seja, com outros grupos de pressão semelhantes. Nas assembleias legislativas, procura-se compor uma coalizão entre vários grupos de pressão, de tal modo que possam vir a se converter em maioria. Mas, passado algum tempo, essa coalizão pode se desintegrar, uma vez que há questões que tornam impossível o acordo entre vários grupos. Novas coalizões, então, se formam.

Foi o que ocorreu na França em 1871, numa situação que se configurou, aos olhos dos historiadores, como "a queda da Terceira República". Não se tratou, porém, de um declínio da Terceira República; houve simplesmente uma mostra de que o sistema de grupos de pressão não é algo que se possa aplicar com sucesso ao governo de uma grande nação.

Temos, nos órgãos legislativos, representantes do trigo, da carne, da prata, do petróleo, mas, antes de tudo, de diversos sindicatos. Só uma coisa *não* está representada no legislativo: a nação como um todo. Apenas vozes isoladas se põem ao lado do conjunto da nação. E todos os problemas, mesmo os de política exterior, são encarados do ponto de vista dos interesses específicos dos grupos de pressão.

Nos Estados Unidos, alguns dos estados de menor população estão interessados no preço da prata. Mas nem todos os habitantes desses estados estão interessados nisso. Todavia, o país despendeu, por muitas décadas, considerável soma de dinheiro, à custa dos contribuintes, para comprar prata a um preço superior ao do mercado. Para mencionar mais um exemplo, só uma pequena parcela da população norte-americana se dedica à agricultura; o restante é constituído por consumidores – não produtores – de produtos agrícolas. Não obstante, esse país tem uma política que envolve o gasto de bilhões e bilhões de dólares com a finalidade de manter os preços dos produtos agrícolas acima do preço potencial de mercado.

Não se pode dizer que esta é uma política de favorecimento de uma pequena minoria, visto que esses interesses agrícolas não são uniformes. Os que se dedicam à produção de leite não estão interessados num alto preço para os cereais; ao contrário, prefeririam que esse produto fosse mais barato. Um criador de galinhas desejaria um preço mais baixo para a ração que compra. Há muitos interesses específicos incompatíveis no interior desse grupo, por pequeno que seja. E apesar de tudo, uma hábil diplomacia cria condições que permitem a pequenos grupos obterem privilégios a expensas da maioria.

Uma situação particularmente interessante nos Estados Unidos relaciona-se ao açúcar. Talvez apenas um dentre quinhentos norte-americanos esteja interessado num preço mais alto para o açúcar. Provavelmente os outros 499 querem um preço mais baixo. Contudo, a política do país empenha-se, mediante tarifas e outras medidas específicas, numa elevação do preço do açúcar. Essa política não prejudica somente os interesses dos 499 que são consumidores de açúcar: gera também um gravíssimo problema de política exterior. O objetivo da política exterior norte-americana é a cooperação com todas as demais repúblicas nas Américas. Ora, algumas delas têm interesse em vender açúcar aos Estados Unidos e desejariam vendê-lo em maiores quantidades. Este exemplo ilustra como os interesses dos grupos de pressão são capazes de determinar até mesmo a política exterior de uma nação.

Ao longo de anos, em todas as partes do mundo, tem-se escrito sobre democracia – sobre o governo popular representativo. Esses textos trazem queixas das deficiências do regime, mas a democracia que criticam é apenas aquela em que o *intervencionismo* é a política que rege o país.

Hoje, poderíamos ouvir as seguintes palavras: "No princípio do século XIX, nos parlamentos da França, Inglaterra, Estados Unidos e outras nações, faziam-se pronunciamentos sobre os grandes problemas da humanidade. Lutava-se contra a tirania, pela liberdade, pela cooperação com todas as outras nações livres. Mas hoje somos mais práticos no parlamento!"

Não há dúvida de que somos mais práticos; hoje não se fala sobre liberdade; fala-se sobre a *majoração do preço do amendoim*. Se isso é ser prático, então é óbvio que os parlamentos mudaram consideravelmente, mas não para melhor.

Essas mudanças políticas, fruto do intervencionismo, reduziram consideravelmente o poder que têm as nações e os parlamentares para resistir às aspirações de ditadores e às ações de tiranos. Há representantes em órgãos legislativos exclusivamente interessados em satisfazer eleitores que desejam, por exemplo, um preço alto para o açúcar, para o leite e para a manteiga, e um preço baixo para o trigo (subsidiado pelo governo). Estes parlamentares nunca poderão representar verdadeiramente o povo: jamais lhes será possível representar a *totalidade* de seu eleitorado.

Os eleitores favoráveis a esses privilégios não levam em conta que há também outros eleitores, com posições totalmente divergentes, que, tendo pretensões diametralmente opostas, não permitem que *seus* representantes tenham um êxito absoluto.

Acresce que esse sistema, além de, por um lado, trazer um constante aumento dos gastos públicos, dificulta, por outro, o estabelecimento de impostos. Esses representantes dos grupos de pressão almejam muitos privilégios específicos para seus respectivos grupos, mas não desejam onerar suas bases de sustentação política com uma carga tributária demasiado pesada.

3 – Intervencionismo e interesses específicos

Não era ideia dos fundadores do moderno governo constitucional, no século XVIII, que um legislador devesse representar *não o* conjunto da nação, mas apenas os interesses específicos do distrito em que fora eleito. Essa foi, aliás, uma das consequências do intervencionismo. Segundo a concepção original, cada membro do parlamento *deveria* representar toda a nação. Era eleito em determinado distrito somente porque ali era bem conhecido, sendo escolhido por pessoas que nele confiavam.

Entretanto, não se pretendia que esse representante ingressasse no governo com o objetivo de proporcionar algo especial para seu eleitorado, para reivindicar uma nova escola, um novo hospital ou um novo manicômio – causando assim considerável elevação dos gastos governamentais no seu distrito. Os grupos políticos de pressão permitem entender por que é quase impossível, a quase todos os governos, deter a inflação. Quando as autoridades eleitas procuram restringir despesas, limitar gastos, os que defendem interesses específicos – uma vez que serão beneficiários diretos de determinados itens do orçamento – apresentam-se para declarar que *tal* projeto específico não pode ser posto em prática, ou que *tal outro* deve ser implementado.

A ditadura, claro, não é solução para os problemas econômicos, como não é resposta para os problemas da liberdade. Um ditador pode começar fazendo toda a sorte de promessas, mas, ditador que é, não as cumprirá. Em vez disso, suprimirá imediatamente a liberdade de expressão, de tal modo que os jornais e os oradores no parlamento já não possam assinalar – nos dias, meses ou anos subsequentes – que no primeiro dia de sua ditadura, dissera algo diverso do que passou a praticar dali por diante.

A terrível ditadura que um país tão importante como a Alemanha foi obrigada a sofrer no passado recente vem-nos à mente quando consideramos o declínio da liberdade em tantos países, nos nossos dias. A triste consequência é a deterioração da liberdade e a decadência da nossa civilização, de que tanto se fala hoje em dia.

Diz-se que toda civilização acabará, finalmente, por entrar em processo de deterioração e de desintegração. Tal ideia tem eminentes defensores. Um deles foi um professor alemão, Oswald Spengler (1880-1936), e outro, muito mais conhecido, foi o historiador inglês Arnold J. Toynbee (1889-1975). Eles nos asseveram que nossa civilização já está velha. Spengler comparou a civilização a plantas que crescem, crescem, mas cujas vidas finalmente se encerram. O mesmo, diz ele, se aplica às civilizações. A aproximação metafórica entre uma civilização e uma planta é completamente arbitrária.

Antes de tudo, é muito difícil distinguir no próprio âmbito da história da humanidade, civilizações diferentes, independentes. As civilizações não são independentes; são *interdependentes*, exercendo umas sobre as outras constante influência. Não se pode, portanto, falar de declínio de uma civilização do mesmo modo como se fala da morte de determinada planta.

4 – Inflação e intervencionismo destruíram a civilização romana

No entanto, mesmo refutando-se as doutrinas de Oswald Spengler e Arnold Toynbee, resta ainda uma comparação muito usual: a comparação entre civilizações em deterioração. Não há dúvida de que, no século II A.D., o Império Romano gerou uma florescente civilização, a qual se constituiu na mais elevada das que se desenvolveram nas regiões da Europa, Ásia e África. Houve concomitantemente elevadíssima civilização *econômica*, baseada num certo grau de divisão do trabalho. Embora esta civilização econômica possa parecer extremamente primitiva quando comparada às condições atuais, ela teve características certamente notáveis. Alcançou o mais alto grau de divisão do trabalho jamais atingido até o advento do capitalismo moderno. Não é menos verdade que essa civilização se deteriorou, sobretudo no século III. E foi esta desintegração no seio de seu império que tornou impossível aos romanos resistirem à agressão externa. Embora esta agressão não fosse pior que outras muitas vezes repelidas nos séculos precedentes, os romanos já não tiveram condições de lhe opor resistência, desgastados que estavam pelo que se passara no interior do seu império.

Que acontecera? Qual teria sido o problema? Qual poderia ter sido a causa de desintegração de um império que, sob todos os aspectos, construíra uma civilização sem outra que se lhe igualasse até o século XVIII? A verdade é que essa civilização foi destruída por algo

Política e Ideias

semelhante, quase idêntico, aos perigos que rondam hoje a nossa civilização: por um lado houve *intervencionismo;* por outro, *inflação*. O intervencionismo no Império Romano consistia no fato de que, seguindo o modelo político dos seus predecessores gregos, os romanos impunham o controle dos preços. Era um controle brando, praticamente sem consequências, porque, durante séculos, não se procurou reduzir os preços a um nível abaixo do nível de mercado.

Quando a inflação teve início, no século III, os romanos ainda não dispunham dos nossos recursos técnicos para promovê-la – não tinham como imprimir dinheiro. Lançavam mão do método que consistia em enfraquecer o teor da liga metálica com que se cunhavam as moedas, sem dúvida um sistema de inflacionar muito menos eficaz que o atual, que pode, por meio de modernas máquinas impressoras, destruir com tanta facilidade o valor do dinheiro. Mas o antigo método era eficiente o bastante para surtir o mesmo efeito, ou seja, para exercer o controle de preços. Desse modo, os preços que as autoridades toleravam passaram a estar abaixo do preço potencial a que a inflação elevara as várias mercadorias.

O resultado, obviamente, foi que a oferta de produtos alimentícios nas cidades reduziu-se. As populações urbanas foram obrigadas a retornar ao campo e às atividades agrícolas. Os romanos nunca se deram conta do que estava ocorrendo. Não compreenderam. Não tinham desenvolvido instrumentos mentais que lhes permitissem interpretar os problemas da divisão do trabalho e as consequências da inflação no mercado de preços. Tinham, no entanto, clareza suficiente para reconhecer o quanto era nefasta aquela inflação e deterioração da moeda corrente.

Os imperadores, então, baixaram leis que proibiam o deslocamento dos habitantes da cidade para o campo, mas tais leis não tiveram efeito. Aliás, não havia lei capaz de impedir que as pessoas que passavam fome, pois nada tinham para comer, abandonassem a cidade e retornassem à agricultura. O habitante da cidade já não podia trabalhar nas indústrias urbanas de processamento como artesão. Os prejuízos dos mercados nas cidades eram tais que já se tornara impossível comprar qualquer mercadoria.

Assim, do século III em diante, as cidades do Império Romano entraram em decadência, e a divisão do trabalho tornou-se muito mais precária que a de antes. Finalmente, o sistema medieval da casa de família autossuficiente, a *villa*, como foi chamada em leis posteriores, emergiu.

Portanto, se compararmos nossas condições com as do Império Romano, teremos razões para dizer: "Iremos pelo mesmo caminho". Há muitos fatos semelhantes. Mas há também enormes diferenças, que não estão relacionadas com a estrutura política dominante na segunda metade do século III. Nesse período, havia o assassinato de um imperador a cada três anos em média. O assassino ou o responsável pela morte tornava-se seu sucessor. Cerca de três anos depois, a história se repetia. Diocleciano, quando se tornou imperador, no ano 284 A.D., tentou por algum tempo, sem sucesso, resistir à deterioração do Império.

5 – Somente as boas ideias podem iluminar a escuridão

As diferenças entre as condições atuais e as de Roma do século III são enormes, porque as medidas que causaram a desintegração do Império Romano não foram premeditadas. Não foram, diria, o resultado de doutrinas condenáveis bem formalizadas.

As ideias intervencionistas, as ideias socialistas, as ideias inflacionistas de nossos dias foram engendradas e formalizadas por escritores e professores. E são ensinadas nas universidades. Poder-se-ia então observar: "A situação atual é muito pior". Eu respondo: "Não, não é pior". É melhor, em minha opinião, porque ideias podem ser derrotadas por outras ideias. Ninguém duvidava, na época dos imperadores romanos, de que a determinação de preços máximos era uma boa política, e de que assistia ao governo o direito de adotá-la. Ninguém discutia isso.

Agora, entretanto, temos escolas, professores e livros prescrevendo tais e tais caminhos, e sabemos muito bem que se trata de um problema a discutir. Todas essas ideias nefastas que hoje nos afligem, que tornaram nossas políticas tão nocivas, foram elaboradas por teóricos do meio acadêmico.

Um famoso autor espanhol, o filósofo José Ortega y Gasset (1883-1955), falou a respeito da "rebelião das massas". Devemos ser muito cuidadosos no uso desse termo, porque essa rebelião não foi feita pelas massas: foi feita pelos intelectuais, que, não sendo homens do povo, elaboraram doutrinas. Segundo a doutrina marxista, só os proletários têm boas ideias, e a mente proletária, sozinha, engendrou o socialismo. Todos esses autores socialistas, sem exceção, eram "burgueses", no sentido em que os próprios, socialistas, utilizam o termo.

Karl Marx *não* teve origem proletária. Era filho de um advogado. Não precisou trabalhar para chegar à universidade. Fez os estudos superiores do mesmo modo como o fazem hoje os filhos das famílias abastadas. Depois, e pelo resto de sua vida, foi sustentado pelo amigo Friedrich Engels (1820-1895), que – sendo um industrial –, era do pior tipo "burguês", segundo as ideias socialistas. Na linguagem do marxismo, era um explorador.

Tudo o que ocorre na sociedade de nossos dias é fruto de ideias, sejam elas boas, sejam elas más. Faz-se necessário combater as más ideias. Devemos lutar contra tudo o que não é bom na vida pública. Devemos substituir as ideias errôneas por outras melhores, devemos refutar as doutrinas que promovem a violência sindical. É nosso dever lutar contra o confisco da propriedade, o controle de preços, a inflação e contra tantos outros males que nos assolam.

Ideias, somente ideias, podem iluminar a escuridão. As boas ideias devem ser levadas às pessoas de tal modo que elas se convençam de que essas ideias são as corretas, e saibam quais são as errôneas. No glorioso período do século XIX, as notáveis realizações do capitalismo foram fruto das ideias dos economistas clássicos, de Adam Smith (1723-1790) e David Ricardo, de Frédéric Bastiat e outros.

Precisamos, apenas, substituir más ideias por ideias melhores. A geração vindoura conseguirá fazer isso. Não apenas espero que assim seja: tenho mesmo muita confiança nesse futuro. Nossa civilização não está condenada, malgrado o que dizem Oswald Spengler e Arnold Toynbee. Nossa civilização não será dominada pelo espírito de Moscou. Nossa civilização sobreviverá, e deve sobreviver. E sobreviverá respaldada em ideias melhores que aquelas que hoje governam a maior parte do mundo, ideias que serão engendradas pela nova geração.

Já considero um ótimo sinal o simples fato de eu hoje estar aqui, nesta grande cidade que é Buenos Aires, a convite deste centro, falando sobre a livre economia. Há cinquenta anos, ninguém no mundo ousava dizer uma palavra sequer em favor de uma economia livre. Hoje, em alguns dos países mais avançados do mundo, já temos instituições que são centros para a propagação dessas ideias.

Infelizmente, não me foi possível dizer muito sobre essas questões tão importantes. Seis palestras podem ser excessivas para um auditório, mas não são bastantes quando se quer expor toda a filosofia que embasa o sistema de livre economia. E, certamente não são bastantes para que se possa refutar tudo o que de insensato vem sendo escrito, nos últimos cinquenta anos, acerca dos problemas econômicos de que estamos tratando.

Estou muito agradecido ao Centro de Difusión de la Economía Libre pela oportunidade de me dirigir a tão distinta plateia e espero que, dentro de alguns anos, o número dos defensores das ideias em prol da liberdade tenha crescido consideravelmente, neste e em outros países. Quanto a mim, tenho plena confiança no futuro da liberdade, tanto política quanto econômica.

Índice Remissivo e Onomástico

A

Ação Humana: Um Tratado de Economia [*Human Action: A Treatise on Economics*], de Ludwig von Mises, 19, 22, 24, 27, 76

Acumulação, 47, 49, 140-42, 144

África, 52, 148, 162

Akademischen Gymnasium, 10

Alemanha, 14, 17, 44, 52, 61, 64, 71, 79, 92-95, 115, 117, 135, 149, 161

América, 31, 64, 105, 107, 151

América Latina, 23, 148

American Economic Association [Associação Econômica Norte-Americana], 101

Anti-capitalist Mentality, The ver *Mentalidade Anticapitalista, A*

Argentina, 29, 65-66, 103, 135, 139, 149

Aristocracia, 41, 43-44, 63, 107

Ásia, 131, 137, 148, 162

Áustria, 17, 116, 147

Áustria-Hungria, 9

B

Bale, Christian (1974-), 27

Banco Central, 114, 116

Barros, Roque Spencer Maciel de (1927-1999), 25

Bastiat, Frédéric (1801-1850), 59, 167

Batman, 27, 28

Batman em Berlim, de Paul Pope, 27, 28

Bécu, Jeanne *ver* Du Barry, Madame

Bélgica, 19, 123

Beltrão, Helio (1967-), 9, 26

Benegas Lynch, Alberto (1909-1999), 25, 29

Berkeley, 19

As Seis Lições

Berlim, 28, 44, 135

Betriebsführer, 94-95

Bismarck, Otto von (1815-1898), 44

Boêmia, 18

Böhm-Bawerk, Eugen von (1851-1914), 12

Bolívia, 147

Bonaparte, Napoleão *ver* Napoleão Bonaparte

Borges, Maria Luiza X. de A., 26

Bourbon, 66

Brasil, 24, 28

Brüning, Heinrich (1885-1970), 93

Buenos Aires, 25, 27-28, 55, 69, 167

Burguesia, 63-64

Bureaucracy ver *Burocracia*

Burocracia,

Burocracia [*Bureaucracy*], de Ludwig von Mises, 22

C

Cadillac, 45

Cálculo econômico, 73, 75-76

Cálculo Econômico em uma Comunidade Socialista, O [*Die Wirtschaftsrechnung im sozialistischen Gemeinwesen, Die*], de Ludwig von Mises, 14

Câmara de Comércio e Indústria da Áustria Menor *ver* Kammer

Câmara dos Lordes, 68

Campos, Roberto (1917-2000), 25

Catharino, Alex (1974-), 9, 26

Canadá, 130-31, 146

Canal da Mancha, 71

Canal de Suez, 137

Capeto, 66

Capital, 47-49, 52, 92, 131-47

Capitalismo, 30, 35-47, 49-50, 52, 65, 73, 78, 99, 162, 167

Centro de Difusión de la Economía Libre, 25, 55, 168

Chevrolet, 45

Churchill, Winston (1874-1965), 96

Cidadão, 57-58, 61-65, 79, 84-85, 87, 102, 107-09, 114, 119, 144, 153-54

Cleveland, Grover (1837-1908), 119

Cliente, 35, 38-40, 59, 132

Columbia University, 20

Comunismo (comunista), 9, 30, 58, 68, 138, 148, 155

Concorrência, 39-40, 149, 155

Conservador, 50, 96

Consumidor, 35, 38, 45, 58-60, 74, 78-9, 83, 85, 89, 157-58

Contribuinte, 83, 108-09, 157

Controle de preços, 86-88, 91, 93, 163, 166

Contexto Histórico da Escola Austríaca de Economia, O [*Historical Setting of the Austrian School of Economics, The*], de Ludwig von Mises, 23

Córdoba, 69

Crédito, 115

Índice Remissivo e Onomástico

Crítica ao Intervencionismo: Estudo sobre a Política Econômica e a Ideologia Atuais [*Kritik des Interventionismus: Untersuchungen zur Wirtschaftspolitik und Wirtschaftsideologie der Gegenwart*], de Ludwig von Mises, 15

D

DC Comics, 27
Déficit, 83-84
Democracia, 102-03, 158
Desemprego, 122-24, 127-28, 145
Diocleciano (244-311), 86-88, 164
Direito, 11
Ditador, 69-70, 79, 103, 159-60
Divisão de Artilharia Imperial, 11
Du Barry, Jeanne Bécu (1743-1793), Madame, 116

E

Ebeling, Richard M. (1950-), 18, 25
Economia, 11, 22, 55, 57-58, 77, 81, 167
Economia livre, 55, 58, 167
Economia mista, 82, 84
Empregador, 44, 46, 124-25, 127, 132, 148

Empresário, 35, 46, 48, 58, 67, 74, 88, 94, 131-33, 140, 145
Engels, Friedrich (1820-1895), 166
Epistemological Problems of Economics ver *Problemas Epistemológicos da Economia*
Escassez, 43, 98-99, 133
Escola Austríaca de Economia, 12, 21, 24
Escola Historicista Alemã de Economia, 11
Escolha, 27, 68
Escravidão, 62, 64
Espanha, 18
Estado, 59, 119, 153
Estados Unidos, 17-19, 21, 24, 27, 38, 40, 45, 52, 60, 65, 72, 77-79, 93, 98, 100, 106, 112, 118-20, 126-28, 130-32, 135-36, 141, 143-48, 155, 157-58
Estatização, 84, 96
Estradas de ferro, 39-40, 82-83, 96, 134-35, 137
Europa, 9, 18, 23, 36, 41, 43-44, 51, 63-67, 105, 127, 130-31, 135-36, 139, 146, 149, 151, 162
Exportação, 42, 97
Expropriação, 49, 137-40

F

Fábricas, 38, 42, 44-45, 48, 95, 112, 117, 131, 133, 135, 137, 142
Fascismo, 9, 22, 30
Foch, general Ferdinand (1851-1929), 71

As Seis Lições

Ford, Henry (1863-1947), 48, 67
Foundation for Economic Education (FEE), 20
França, 18-19, 63-64, 71, 107, 123, 156, 158
Francisco José I (1830-1916), imperador austríaco, 10, 24
Franklin, Benjamin (1706-1790), 43
Friedman, Milton, (1912-2006), 20
Führer, 61, 94, 101-02
Fundamentos Últimos da Ciência Econômica: Um Ensaio sobre o Método, Os] [*Ultimate Foundation of Economic Science: An Essay on Method, The*, de Ludwig von Mises, 23

G

Galbraith, John Kenneth (1908-2006), 20
Galícia, 9
Gauführer, 95
Gauleiter, 95
Geldtheoretische Seite des Stabilisierungsproblems, Die [*Uma Visão Teórica do Problema da Estabilização Monetária*], de Ludwig von Mises, 15
Geldwertstabilisierung und Konjunkturpolitik [*Estabilização Monetária e Política Econômica Cíclica*], de Ludwig von Mises, 15

Gemeinwirtschaft: Untersuchungen über den Sozialismus, Die ver *Socialismo: Uma Análise Econômica e Sociológica*
Gefolgschaft, 94
Genebra, 16-17, 19, 107
Generalstab, 71
General Theory of Employment, Interest and Money, The [*Teoria Geral do Emprego, do Juro e da Moeda, A*], de John Maynard Keynes, 123, 125
Göring, Hermann (1893-1946), 94
Governo, 14, 18, 20, 22, 31, 36, 43-44, 50, 56-57, 60-62, 68, 72-73, 81-86, 88-93, 95-01, 105-11, 113-16, 118-19, 121-23, 125, 127-29, 137-41, 143, 151-54, 156, 158-60, 165
Governo Onipotente [*Omnipotent Government*], de Ludwig von Mises, 21
Grã-Bretanha, 49, 95-97, 120-23, 130, 133-35, 146-47
Graduate Institute of International Studies [Instituto Universitário de Altos Estudos Internacionais], 16
Graves, Bettina Bien (1917-), 21, 25-26
Grünberg, Carl (1861-1940), 11
Grundprobleme der Nationalökonomie ver *Problemas Epistemológicos da Economia*
Grundsätze der Volkswirtschaftslehre ver *Princípios de Economia Política*

172

Guatemala, 147
Gudin, Eugênio (1886-1986), 24
Guillotin, Joseph-Ignace (1738-1814), 87

H

Haberler, Gottfried (1900-1995), 13
Habsburgos, 10
Harvard, 10
Hayek, F. A. [Friedrich August von] (1899-1992), 13, 23
Hazlitt, Henry (1894-1993), 20
Himmler, Heinrich (1900-1945), 17
História, 10-11, 42-43, 50, 66, 70-72, 114, 133, 136, 138, 161
Hitler, Adolf (1889-1945), 79, 94-95, 102
Hoff, Trygue (1895-1982), 76
Hollywood, 46
Hülsmann, Jörg Guido (1966-), 9
Human Action: A Treatise on Economics ver *Ação Humana: Um Tratado de Economia*
Hungria, 43

I

Idade Média, 63, 65, 94, 101
Ideias, 9, 11, 19, 21, 28, 30, 57, 61-62, 151-55, 165-68
Império Austro-Húngaro, 10, 94

Império Romano, 87, 162-65
Importação, 42-43, 97, 136, 144
Impostos, 22, 83-84, 107, 109, 114, 118, 124, 139, 140, 159
Índia, 37, 52, 63, 130, 132, 139-40, 146
Indivíduos, 11, 28, 46, 52, 55, 57, 62-63, 68-70, 79, 83, 132, 153
Indústria, 14, 35-38, 41-42, 44, 48, 58, 67, 73-74, 78, 96, 111, 122, 136, 164
Industrialização, 142, 144, 146
Inflação, 47, 84, 86, 93, 105-06, 109-17, 119-20, 125, 127-29, 144, 160, 162-64, 166
Inglaterra, 17, 36-37, 40-44, 50, 64, 71, 92-93, 107, 121, 127, 133, 136, 158
Instituto Liberal (IL), 24
Instituto Ludwig von Mises Brasil (IMB), 24
International Workingmen's Association (IWA) [Associação Internacional dos Trabalhadores], 50
Intervencionismo, 11, 14-15, 19, 26, 30-31, 81, 84-85, 96, 99-100, 154, 158-60, 162-63
Intervencionismo: Uma Análise Econômica [Interventionism: An Economic Analysis], de Ludwig von Mises, 15, 21, 24
Investimento, 47, 108, 129, 133-34, 136-44, 146-47
Itália, 64, 131

J

Japão, 130

K

Kammer [Câmara de Comércio e Indústria da Áustria Menor], 12

Keynes, John Maynard (1883-1946), 19, 115, 118, 123-25

Kirzner, Israel M. (1930-), 21, 23

Koether, George (1907-2006), 32

Kritik des Interventionismus ver Crítica ao Intervencionismo

L

Landflucht, 44

Lange, Oskar (1904-1965), 76

Lei, 50,56, 60, 87, 155, 164

Lemberg, 9, 10

Leme, Og Francisco (1922-2004), 25

Lenin, Vladimir (1870-1924), 68-69

Liberalismo, 9, 12, 14, 28

Liberalismo [Liberalismus], de Ludwig von Mises, 15

Liberty Fund, 26

Liberdade, 9, 15, 23, 26, 28, 30, 39, 55-58, 60-62, 64, 67-69, 97, 101-02, 129, 143, 147, 151, 153, 158, 160-61, 168

Liberdade econômica, 55-56, 67, 97, 129, 151

Liberdade de imprensa, 39, 57

Lisboa, 18

Livre mercado, 15, 52, 96

Livre Mercado e seus Inimigos, O [Free Market and Its Enemies, The], de Ludwig von Mises, 25

Lonardi, Eduardo (1896-1956), 29

Los Angeles, 19

Ludwig von Mises Institute, 24

Luís XV (1710-1774), 116

Luxemburgo, 19

Lviv, 9

LVM Editora, 26

Lynch, Alberto Benegas ver Benegas Lynch, Alberto

M

Macedo, Ubiratan Borges de (1937-2007), 25

Machlup, Fritz (1902-1983), 13, 29

Macroeconomia, 13

Manifesto do Partido Comunista, de Karl Marx e Friedrich Engels, 63

Marx, Karl (1818-1883), 47, 49-51, 63, 69, 75, 166

Marxismo, 15, 166

Marxista, 11-12, 22, 50-51, 65, 70, 166

Marxismo Desmascarado: Da Desilusão à Destruição, O

[*Marxism Unmasked: From Delusion to Destruction*], de Ludwig von Mises, 25

Massas, 38, 41, 49, 166

Matéria-prima, 43

McKinley, William (1843-1901), 119

Meira Penna, José Osvaldo de (1917-2017), 25

Menger, Carl (1840-1921), 12

Mentalidade Anticapitalista, A [*Anti-Capitalistic, The*], de Ludwig von Mises, 22

Mercado, 14, 30, 35, 48, 55-59, 62, 74-75, 77, 81-86, 88-89, 91-92, 98-00, 108-10, 120-27, 143-45, 154, 157, 163-64

Meus Anos com Ludwig von Mises ver *My Years with Ludwig von Mises*

México, 139

Microeconomia, 13

Ministério da Guerra, 11

Mises, Adele von (1858-1937), 10, 16

Mises, Arthur Edler von (1854-1903), 10

Mises, Karl von (1887-1899), 10

Mises, Ludwig von (1881-1973), 9-11, 13, 16-17, 19-31

Mises, Margit von (1890 1993), 16-18, 15, 29

Mises, Mayer Rachmiel von (1800-1891), 10

Mises, Richard von (1883-1953), 10

MISES: *Revista Interdisciplinar de Filosofia, Direito e Economia*, 24

Mises Institute *ver* Ludwig von Mises Institute

Mitchell, general Billy [William Lendrum] (1879-1936), 72

Mont Pelerin Society, 23

Morgenstern, Oskar (1902-1977), 13

Moeda, 13, 86-87, 105-06, 114-15, 117, 122, 124, 163-64

Moscou, 18, 167

Mont Pelerin Society, 23

My Years with Ludwig von Mises [*Meus Anos com Ludwig von Mises*], de Margit von Mises, 16, 30

N

Nação, 30, 64, 68, 102, 107, 119-20, 135, 153-56, 158, 160

Napoleão Bonaparte (1769-1821), 71

Nação, Estado e Economia [*Nation, Staat, und Wirschaft*], de Ludwig von Mises, 13

National Association of Manufacturers (NAM) [Associação Nacional de Industriais], 20

National Bureau of Economic Research, 20

Nationalökonomie: Theorie des Handelns und Wirschaftens [*Economia: Teoria da Ação e da Atividade Econômica]*, de Ludwig von Mises, 15, 19

Nazismo, 9, 22

Necker, Anne-Louise Germaine *ver* Staël, Madame de

Necker, Jacques (1732-1804), 107

Nehru, Jawaharlal (1889-1964), 140

New Deal, 19-20

New York Times, The, 20, 67

New York University (NYU), 21

Nobreza, 10, 41, 43

Nolan, Christopher (1970-), 27

Noruega, 97

Nova York, 18, 20, 67

O

Oliveira Vianna, Francisco José de (1883-1951), 24

Omnipotent Government ver *Governo Onipotente*

On Money and Inflation ver *Sobre Moeda e Inflação*

Organização das Nações Unidas (ONU), 143

Ouro, 105-06, 118, 120, 137

P

Pacífico, 138

Padrão-ouro, 118-19

Paim, Antonio (1927-), 25

Países Baixos, 19, 36, 123

Papel-moeda, 105-06, 118

Pareto, Vilfredo (1848-1923), 66

Partido Conservador, 96

Partido Democrata, 119, 155

Partido Republicano, 119, 155

Partido Trabalhista, 96

Passfield *ver* Webb

Perón, Juan Domingo (1895-1974), 29, 103

Peterson, William H. (1921-2012), 21

Philippovich, Eugen von (1858-1917), 11

Plan or no Plan [*Plano ou Nenhum Plano*], de Barbara Wootton, 68

Planejamento central, 14, 68

Pleno emprego, 125, 127

Poder, 14, 39, 56-57, 68, 70, 83, 85, 93, 96, 101, 105, 109, 114, 117, 120-23, 127, 133, 159

Poisson, Jeanne-Antoinette *ver* Pompadour, Madame de

Política, 30, 40, 47-48, 50, 52-53, 56, 63, 99, 113, 115, 118, 122, 124, 128, 136-37, 141-43, 145-46, 149, 151-59, 164-65, 168

Polônia, 18, 43, 76

Pompadour, Jeanne-Antoinette Poisson (1721-1764), Madame de, 116

Pope, Paul (1970-), 27

Potter, Beatrice *ver* Webb, Beatrice

Índice Remissivo e Onomástico

Poupança, 19, 47-48, 108, 140, 142-44
Povo, 35-36, 41, 49-50, 59, 62, 68, 79, 87-88, 96, 103, 116-19, 123, 128, 130, 148-49, 152, 159, 166
Praxiologia, 22
Preço, 13-14, 48, 74-77, 85-95, 97-99, 105-06, 108-13, 116, 121, 123, 126, 157-59, 163-66
Prêmio Nobel de Economia, 13
Primeira Guerra Mundial, 11, 13, 71, 92, 114, 120, 136-38
Princípios de Economia Política [*Grundsätze der Volkswirtschaftslehre*], de Carl Menger, 12
Privat-Dozent, 13
Privilégio, 59, 63, 121, 127, 154-57, 159
Problemas Epistemológicos da Economia [*Epistemological Problems of Economics*], de Ludwig von Mises, 16
Produção, 12-14, 38, 44, 50, 68-69, 74-76, 78, 84, 87, 90-92, 114, 122, 130, 157
Produção em massa, 38
Propriedade, 14, 17, 36, 50, 144, 166
Protecionismo, 99, 144-45
Proletários, 36, 166

R

Raico, Ralph (1936-2016), 21
Read, Leonard (1898-1983), 20
Rei, 35-36, 101, 107, 116

Reisman, George (1937-), 21
República Tcheca, 18
Revolução Francesa, 87-88, 107
Revolução Industrial, 42
Revolução Norte-Americana, 63
Ricardo, David (1772-1823), 134, 167
Riqueza, 49, 65, 106, 133
Robespierre, Maximilien de (1758-1794), 87
Rockefeller Foundation, 20
Roosevelt, Franklin Delano (1882-1945), 19
Rousseau, Jean-Jacques (1712-1778), 57-58
Rothbard, Murray N. (1926-1995), 21, 23
Rússia, 9, 43, 76-79, 97, 137-38

S

Salário, 17, 41, 43, 45-51, 74, 93, 95, 109, 111-13, 120-25, 127, 130-32, 142, 145-48
Salário agrícola, 44
Salário mínimo, 43, 121
Santa Helena, 71
Schütz, Alfred (1899-1959), 13
Segunda Guerra Mundial, 18, 52, 94-96, 98, 112, 136, 146
Sennholz, Hans F. (1922-2007), 21, 23
Serény, Margit *ver* Mises, Margit von
Servidão, 63, 93, 102
Sibéria, 138

As Seis Lições

Sicília, 131

Sindicatos, 50, 120-26, 145, 148, 156

Sobre Moeda e Inflação [On Money and Inflation], de Ludwig von Mises, 25

Socialismo, 14, 28, 30, 50, 55, 60, 68, 73-78, 81, 83, 92-96, 98-00, 129, 148, 166

Socialismo: Uma Análise Econômica [Gemeinwirtschaft: Untersuchungen über den Sozialismus, Die], de Ludwig von Mises, 15, 21

Sombart, Werner (1863-1941), 101-02

Spencer, Herbert (1820-1903), 135

Spengler, Oswald (1880-1936), 161-62, 167

SS [Schutzstaffel / Tropa de Proteção], 17

Staël, Anne-Louise Germaine Necker (1766-1817), Madame de, 107

Stalin, Josef (1878-1953), 68

Status, 36, 62-67, 124

Suábia, 149

Suécia, 97

Suíça, 18, 149

T

Taxas, 85, 92, 114, 127, 140-41

Tchecoslováquia, 123

Teoria da Moeda e dos Meios Fiduciários, A [Theorie des Geldes und der Umlaufsmittel], de Ludwig von Mises, 13, 21

Teoria Geral do Emprego, do Juro e da Moeda, A ver *General Theory of Employment, Interest and Money, The*

Teoria e História: Uma Interpretação da Evolução Social e Econômica [Theory and History: An Interpretation of Social and Economic Evolution], de Ludwig von Mises, 22

Torres, João Camilo de Oliveira (1916-1973), 24

Toynbee, Arnold J. (1889-1975), 161-62, 167

Trabalhadores, 41-51, 94, 111-12, 117, 120, 122-25, 127, 130-32, 144-45

Tributos, 83, 108, 141

U

Ubook, 27

Ucrânia, 9

Universidade de Viena, 11, 13

University of California, 19

Ursachen der Wirtschaftskrise, Die [As Causas da Crise Econômica], de Ludwig von Mises, 15

Unidade monetária, 105, 116, 120-21, 143

United Fruit Company (UFCO), 147

Universidade de Buenos Aires, 25, 30

Ural, 138

V

Van Gogh, Vincent (1853-1890), 73

Viena, 9-13, 17, 61, 98

Voegelin, Eric (1901-1985), 13

Von Mises *ver* Mises

W

Webb, Beatrice (1858-1943), Baronesa Passfield, 58

Webb, Sidney (1859-1947), 1º Barão Passfield, 58

Wirtschaftsrechnung im sozialistischen Gemeinwesen, Die ver *Cálculo Econômico em uma Comunidade Socialista, O*

Wootton, Barbara (1897-1988), baronesa Wootton de Abinger, 68

Württemberg, 149

Z

Zuim, Ettori (1962-), 27

A trajetória pessoal e o vasto conhecimento teórico que acumulou sobre as diferentes vertentes do liberalismo e de outras correntes políticas, bem como os estudos que realizou sobre o pensamento brasileiro e sobre a história pátria, colocam Antonio Paim na posição de ser o estudioso mais qualificado para escrever a presente obra. O livro *História do Liberalismo Brasileiro* é um relato completo do desenvolvimento desta corrente política e econômica em nosso país, desde o século XVIII até o presente. Nesta edição foram publicados, também, um prefácio de Alex Catharino, sobre a biografia intelectual de Antonio Paim, e um posfácio de Marcel van Hattem, no qual se discute a influência do pensamento liberal nos mais recentes acontecimentos políticos do Brasil.

Liberdade, Valores e Mercado são os princípios que orientam a LVM Editora na missão de publicar obras de renomados autores brasileiros e estrangeiros nas áreas de Filosofia, História, Ciências Sociais e Economia. Merecem destaque no catálogo da LVM Editora os títulos da Coleção von Mises, que será composta pelas obras completas, em língua portuguesa, do economista austríaco Ludwig von Mises (1881-1973) em edições críticas, acrescidas de apresentações, prefácios e posfácios escritos por especialistas, além de notas do editor.

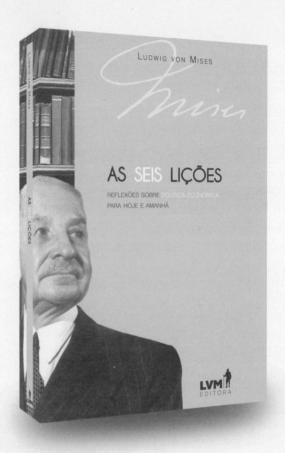

Publicada como primeiro volume da Coleção von Mises, *As Seis Lições: Reflexões sobre Política Econômica para Hoje e Amanhã* é uma edição especial das famosas palestras ministradas por Ludwig von Mises, em 1959, na Universidade de Buenos Aires (UBA). Além do prefácio original de Margit von Mises, nesta versão foram incluídos um prefácio inédito de Ubiratan Jorge Iorio, uma apresentação biográfica do economista austríaco escrita por Murray N. Rothbard, uma introdução de Bettina Bien Greaves e um posfácio de Alex Catharino, discutindo a importância do pensamento misesiano para o atual contexto brasileiro, bem como notas explicativas do editor, que esclarecem diversas passagens da obra.

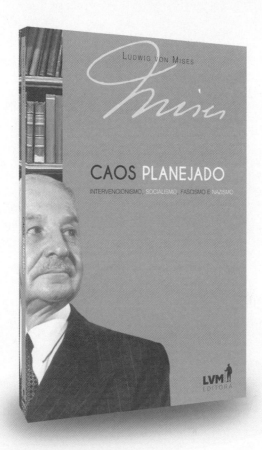

O título *Caos Planejado* vem da descrição de Ludwig von Mises acerca da realidade do Intervencionismo e do Socialismo, tanto em suas variantes nacionalistas, representadas pelo Nazismo e pelo Fascismo, quanto pelo internacionalismo comunista. Lançada pela primeira vez em 1947, a obra é análise sistemática de todas as formas de controle governamental, totalitário ou democrático, que marcaram o panorama século XX. Nesta versão em português, além dos prefácios de Leonard E. Read e de Christopher Westley, elaborados, respectivamente, para as edições norte-americanas de 1961 e de 2015, foram inclusos uma apresentação de Richard M. Ebeling, um prefácio de Bruno Garschagen e um posfácio de Ralph Raico.

Esta obra foi composta pela BR75
na família tipográfica Sabon e impressa
pela Gráfica Viena para a LVM em abril de 2024